中国人民银行统计季报

THE PEOPLE'S BANK OF CHINA QUARTERLY STATISTICAL BULLETIN

U0797352

2023-1
总第109期
VOLUME CIX

目录

Contents

1 主要经济指标概览 4-8

2 金融机构货币统计 9-55

2.1 主要金融指标 9
2.2 主要金融指标（消除季节因素） 10
2.3 社会融资规模增量统计表 11
2.4 社会融资规模存量统计表 15
2.5 金融机构信贷收支表（人民币） 16
2.6 存款性公司概览 20
2.7 货币当局资产负债表 24
2.8 其他存款性公司资产负债表 28
2.9 中资大型银行资产负债表 32
2.10 中资中型银行资产负债表 36
2.11 中资小型银行资产负债表 40
2.12 外资银行资产负债表 44
2.13 农村信用社资产负债表 48
2.14 财务公司资产负债表 52

3 宏观经济金融运行监测 56-59

3.1 金融统计数据报告 56
3.2 景气状况分析：2022 年四季度 58
3.3 宏观经济 59

4 金融市场统计 60-72

4.1 全国银行间同业拆借交易统计表 60
4.2 全国银行间质押式回购交易统计表 64
4.3 国内各类债券发行统计表 68
4.4 国内各类债券余额统计表 69
4.5 人民币汇率统计表 70
4.6 国内股票市场统计表 72

5 利率 73-75

5.1 中央银行基准利率 73
5.2 金融机构：人民币法定存款基准利率 74
5.3 金融机构：人民币法定贷款基准利率 75

6 资金流量核算（金融账户） 76-77

6.1 2022 年上半年资金流量表（金融账户） 76

7 经济调查 78-81

7.1 5000 户企业主要财务指标 78
7.2 5000 户企业主要财务分析指标 80
7.3 5000 户企业景气扩散指数 81

8 物价统计 82-83

8.1 主要物价指数 82
8.2 企业商品价格指数 83

9 主要经济金融指标图 84-90

10 主要指标的概念及定义 91-109

目
录

Contents

1	Survey of Major Economic Indicators	4-8
2	Monetary Statistics of Financial Institutions	9-55
2.1	Major Financial Indicators	9
2.2	Major Financial Indicators (Seasonally Adjusted)	10
2.3	Aggregate Financing to the Real Economy (Flow)	11
2.4	Aggregate Financing to the Real Economy (Stock)	15
2.5	Sources and Uses of Credit Funds of Financial Institutions (RMB)	16
2.6	Depository Corporations Survey	20
2.7	Balance Sheet of Monetary Authority	24
2.8	Balance Sheet of Other Depository Corporations	28
2.9	Balance Sheet of Large-sized Domestic Banks	32
2.10	Balance Sheet of Medium-sized Domestic Banks	36
2.11	Balance Sheet of Small-sized Domestic Banks	40
2.12	Balance Sheet of Foreign-funded Banks	44
2.13	Balance Sheet of Rural Credit Cooperatives	48
2.14	Balance Sheet of Finance Companies	52
3	Macroeconomic & Financial Situation	56-59
3.1	Financial Statistics Data Report	57
3.2	Business Climate Analysis: 2022 Q4	58
3.3	Macroeconomics	59
4	Financial Market Statistics	60-72
4.1	Statistics of Interbank Lending	60
4.2	Statistics of Interbank Pledged Repo	64
4.3	Statistics of Debt Securities Issue	68
4.4	Statistics of Debt Securities Outstanding	69
4.5	Statistics of Exchange Rate	70
4.6	Statistics of Stock Market	72
5	Interest Rates	73-75
5.1	Benchmark Interest Rates of Central Bank	73
5.2	Financial Institutions: Official Benchmark Rates of RMB Deposits	74
5.3	Financial Institutions: Official Benchmark Rates of RMB Loans	75
6	Flow of Funds Accounting (Financial Accounts)	76-77
6.1	Flow of Funds Statement, 2022Q2(Financial Accounts)	76
7	Economic Research	78-81
7.1	Major Financial Indicators of 5000 Principal Enterprises	78
7.2	Major Financial Analytical Indicators of 5000 Principal Enterprises	80
7.3	Diffusion Indices of Business Survey of 5000 Principal Enterprises	81
8	Price Statistics	82-83
8.1	Major Price Indices	82
8.2	Corporate Goods Price Indices (CGPI)	83
9	Charts of Major Economic & Financial Indicators	84-90
10	Concepts and Definitions for Major Indicators	91-109

1 1 主要经济指标
Major Economic Indicators

单位：亿元
Unit:100 Million Yuan

时间 Time	国内生产总值*（现价）Gross Domestic Product* (Current Price)	第一产业 Primary Industry	第二产业 Secondary Industry	第三产业 Tertiary Industry
2015	688858	57775	281339	349745
2016	746395	60139	295428	390828
2017	832036	62100	331580	438356
2018	919281	64745	364835	489701
2019	986515	70474	380671	535371
2020.01				
2020.02				
2020.03	205245	10223	72416	122606
2020.04				
2020.05				
2020.06	453593	26157	169946	257490
2020.07				
2020.08				
2020.09	717948	48315	269843	399790
2020.10				
2020.11				
2020.12	1013567	78031	383562	551974
2021.01				
2021.02				
2021.03	249200	11369	92521	145310
2021.04				
2021.05				
2021.06	532049	28535	206979	296536
2021.07				
2021.08				
2021.09	823338	51677	320612	451049
2021.10				
2021.11				
2021.12	1149237	83216	451544	614476
2022.01				
2022.02				
2022.03	271509	10950	106283	154276
2022.04				
2022.05				
2022.06	565429	29165	228922	307342
2022.07				
2022.08				
2022.09	874699	54849	350564	469287
2022.10				
2022.11				
2022.12	1210207	88345	483165	638698

* 季度国内生产总值为当年累计数。
* The quarterly data for GDP are grand totals of current year.

1 2 主要经济指标
Major Economic Indicators

单位：%
Unit: %

时间 Time	国内生产总值 * Gross Domestic Product*	第一产业 Primary Industry	第二产业 Secondary Industry	第三产业 Tertiary Industry	工业增加值 ** Industrial Value-added**	国有及国有控股企业 State-owned and State-holding Enterprises	集体企业 Collective Enterprises	外商及港澳台投资企业 Foreign-funded Enterprises
2015	7.0	3.9	5.9	8.8	6.1	1.4	1.2	3.7
2016	6.8	3.3	6.0	8.1	6.0	2.0	-1.3	4.5
2017	6.9	4.0	5.9	8.3	6.6	6.5	0.6	6.9
2018	6.7	3.5	5.8	8.0	6.2	6.2	-1.2	4.8
2019	6.0	3.1	4.9	7.2	5.7	4.8		2.0
2020.01					-4.3			
2020.02					-25.9			
2020.03	-6.9	-3.1	-9.7	-5.4	-1.1	-2.5		-5.4
2020.04					3.9	0.5		3.9
2020.05					4.4	2.1		3.4
2020.06	-1.7	1.0	-2.0	-1.7	4.8	4.9		4.2
2020.07					4.8	4.1		7.6
2020.08					5.6	5.2		5.3
2020.09	0.6	2.5	0.8	0.3	6.9	6.5		7.1
2020.10					6.9	5.4		7.0
2020.11					7.0	5.9		8.3
2020.12	2.2	3.1	2.5	1.9	7.3	6.4		8.5
2021.01					25.4			
2021.02					52.3			
2021.03	18.7	8.1	24.9	15.9	14.1	10.9		17.4
2021.04					9.8	8.6		8.4
2021.05					8.8	7.7		8.5
2021.06	13.0	7.8	15.3	12.1	8.3	5.4		6.4
2021.07					6.4	7.2		3.8
2021.08					5.3	4.6		3.4
2021.09	10.1	7.5	11.1	9.8	3.1	4.5		0.4
2021.10					3.5	5.2		1.3
2021.11					3.8	3.6		1.9
2021.12	8.4	7.1	8.7	8.5	4.3	3.3		3.4
2022.01					3.9			
2022.02					12.8			
2022.03	4.8	6.0	5.8	4.0	5.0	3.3		-1.1
2022.04					-2.9	-2.9		-16.1
2022.05					0.7	0.7		-5.4
2022.06	2.5	5.0	3.2	1.8	3.9	3.1		3.6
2022.07					3.8	5.4		1.9
2022.08					4.2	5.6		4.0
2022.09	3.0	4.2	3.9	2.3	6.3	4.9		5.4
2022.10					5.0	4.4		2.0
2022.11					2.2	2.2		-3.7
2022.12	3.0	4.1	3.8	2.3	1.3	1.9		-7.5

* 国内生产总值累计增长率和工业增加值当月增长率按可比价格计算。

* The growth rates of accumulative GDP and the growth rates of monthly industrial value-added are calculated on the basis of comparable price.

** 工业增加值口径自 2011 年起改为年主营业务收入 2000 万元及以上的工业企业。

** The industrial value-added has been adjusted to industrial enterprises with the annual sales income from main business over 20 million yuan since 2011.

1 3 主要经济指标

Major Economic Indicators

单位：亿元

Unit: 100 Million Yuan

时间 Time	固定资产投资（不含农户）* Fixed Assets Investment (Excluding Rural Households)*	国有及国有控股 State-owned and State-holding Units	房地产开发 Real Estate Development	消费品零售额** Total Retail Sales of Consumer Goods**
2015	551590	178933	95979	300931
2016	596501	213096	102581	332316
2017	631684	232887	109799	366262
2018	635636		120264	380987
2019	551478		132194	411649
2020.01				
2020.02	33323		10115	
2020.03	84145		21963	26450
2020.04	136824		33103	28178
2020.05	199194		45920	31973
2020.06	281603		62780	33526
2020.07	329214		75325	32203
2020.08	378834		88454	33571
2020.09	436530		103484	35295
2020.10	483292		116556	38577
2020.11	499560		129492	39514
2020.12	518907		141443	40566
2021.01				
2021.02	45236		13986	
2021.03	95994		27576	35484
2021.04	143804		40240	33153
2021.05	193917		54318	35945
2021.06	255900		72179	37586
2021.07	302533		84895	34925
2021.08	346913		98060	34395
2021.09	397827		112568	36833
2021.10	445823		124934	40454
2021.11	494082		137314	41043
2021.12	544547		147602	41269
2022.01				
2022.02	50763		14499	
2022.03	104872		27765	34233
2022.04	153544		39154	29483
2022.05	205964		52134	33547
2022.06	271430		68314	38743
2022.07	319812		79462	35870
2022.08	367106		90809	36258
2022.09	421412		103559	37745
2022.10	471459		113945	40271
2022.11	520043		123863	38615
2022.12	572138		132895	40542

* 自 2011 年起，投资项目统计起点标准由原来的 50 万元调整为 500 万元，“固定资产投资（不含农户）”等于原口径的“城镇固定资产投资”加上“农村企事业组织项目投资”。

* Since 2011, investment indicators have been calculated using new threshold criteria of 5 million yuan instead of 500 thousand yuan in the past. “Fixed Assets Investment(Excluding Rural Households)” equals to “Fixed Assets Investment in Urban Area” under the old creteria plus “Investment of Rural Enterprises and Institutions”.

** 自 2010 年 1 月起，“消费品零售额”采用新的分组替代原来的分组。

** Since January 2010, “Total Retail Sales of Consumer Goods” has adopted new categories.

1 4 主要经济指标
Major Economic Indicators

单位：亿美元（除另注明外）
Unit:100 Million USD (unless noted otherwise)

时间 Time	人均收入（单位：元人民币）Income Per Capita (Unit:RMB Yuan)		进出口总值 Trade Volume			贸易差额 Trade Balance	外商直接投资* Foreign Direct Investment*	外汇储备* Foreign Exchange Reserves*
	城镇居民可支配收入 Disposable Income of Urban Households	农村居民可支配收入** Disposable Income of Rural Households**		出口 Export	进口 Import			
2015	31195	11422	39530	22735	16796	5939	1263	33304
2016	33616	12363	36856	20976	15879	5097	1260	30105
2017	36396	13432	41071	22633	18438	4196	1310	31399
2018	39251	14617	46224	24866	21357	3509	1349	30727
2019	42359	16021	45779	24995	20784	4211	1381	31079
2020.01			3685	2116	1569	547	127	31155
2020.02			2228	804	1424	-620	194	31067
2020.03	11691	4641	3492	1846	1646	200	312	30606
2020.04			3540	1995	1545	449	413	30915
2020.05			3512	2064	1448	616	512	31017
2020.06	21655	8069	3810	2128	1682	447	679	31123
2020.07			4134	2368	1765	603	770	31544
2020.08			4116	2344	1773	571	890	31646
2020.09	32821	12297	4419	2386	2033	353	1033	31426
2020.10			4151	2362	1789	573	1151	31280
2020.11			4596	2669	1927	742	1295	31785
2020.12	43834	17131	4876	2817	2059	758	1444	32165
2021.01			4654	2634	2020	614	135	32107
2021.02			3738	2044	1694	350	261	32050
2021.03	13120	5398	4695	2405	2290	116	449	31700
2021.04			4857	2631	2226	405	590	31982
2021.05			4836	2632	2204	428	716	32218
2021.06	24125	9248	5112	2803	2309	494	910	32140
2021.07			5077	2813	2264	548	1007	32359
2021.08			5279	2932	2347	584	1138	32321
2021.09	35946	13726	5419	3047	2372	675	1293	32006
2021.10			5138	2991	2147	844	1420	32176
2021.11			5773	3243	2530	713	1572	32224
2021.12	47412	18931	5861	3397	2465	932	1735	32502
2022.01			5709	3265	2444	821	158	32216
2022.02			4060	2167	1893	275	379	32138
2022.03	13832	5778	5055	2750	2305	445	591	31880
2022.04			4953	2724	2229	494	745	31197
2022.05			5346	3064	2281	783	878	31278
2022.06	25003	9787	5592	3282	2310	973	1124	30713
2022.07			5624	3323	2301	1022	1239	31041
2022.08			5497	3150	2347	803	1384	30549
2022.09	37482	14600	5593	3217	2376	840	1553	30290
2022.10			5113	2981	2132	849	1683	30524
2022.11			5213	2952	2261	691	1781	31175
2022.12	49283	20133	5341	3061	2281	780	1891	31277

* 月度外商直接投资为累计数，外汇储备为余额数。
* Monthly data for foreign direct investment are grand totals. Data for foreign exchange reserves are outstanding amounts.
** 自 2015 年起，本表中“农村居民现金收入”更名为“农村居民可支配收入”。
** Since 2015, in this table, as “Cash Income of Rural Households”, “Disposable Income of Rural Households” has been used.

1 5 主要经济指标
Major Economic Indicators

单位：亿特别提款权
Unit:100 Million SDR

时间 Time	进出口总值 Trade Volume			贸易差额 Trade Balance	外商直接投资 Foreign Direct Investment
		出口 Export	进口 Import		
2018	32685.6	17589.6	15096.1	2493.5	954.2
2019	33143.5	18097.1	15046.5	3050.6	999.7
2020.01	2670.9	1533.5	1137.3	396.2	91.9
2020.02	1626.9	587.1	1039.8	-452.8	141.1
2020.03	2545.0	1345.3	1199.7	145.5	227.0
2020.04	2596.4	1463.0	1133.4	329.6	301.4
2020.05	2575.6	1513.7	1061.9	451.8	373.7
2020.06	2761.7	1542.8	1218.9	323.9	494.9
2020.07	2969.4	1701.3	1268.1	433.2	559.9
2020.08	2915.6	1660.0	1255.6	404.4	645.1
2020.09	3129.4	1689.9	1439.6	250.3	746.1
2020.10	2936.1	1670.7	1265.3	405.4	829.7
2020.11	3232.8	1877.5	1355.3	522.3	930.9
2020.12	3391.8	1959.5	1432.3	527.2	1034.5
2021.01	3225.6	1825.6	1400.0	425.6	93.4
2021.02	2595.6	1419.4	1176.3	243.1	180.9
2021.03	3289.4	1685.2	1604.2	80.9	312.5
2021.04	3399.1	1841.2	1558.0	283.2	411.5
2021.05	3358.0	1827.7	1530.3	297.4	498.8
2021.06	3561.0	1952.7	1608.3	344.4	633.8
2021.07	3567.3	1976.3	1591.0	385.3	702.4
2021.08	3713.0	2062.0	1651.0	411.1	794.3
2021.09	3814.2	2144.8	1669.4	475.4	903.2
2021.10	3637.4	2117.5	1519.9	597.5	993.5
2021.11	4111.5	2309.5	1802.0	507.6	1101.7
2021.12	4193.2	2430.0	1763.2	666.8	1218.1
2022.01	4078.4	2332.4	1746.0	586.3	113.2
2022.02	2898.0	1547.0	1351.0	196.0	270.3
2022.03	3656.8	1989.4	1667.5	321.9	423.9
2022.04	3629.7	1996.0	1633.7	362.3	536.6
2022.05	3983.5	2283.5	1700.0	583.5	635.7
2022.06	4178.7	2452.8	1725.9	726.9	819.4
2022.07	4271.1	2523.7	1747.4	776.3	907.3
2022.08	4181.3	2395.9	1785.3	610.6	1017.5
2022.09	4334.4	2492.9	1841.5	651.4	1148.4
2022.10	3991.8	2327.5	1664.4	663.1	1250.2
2022.11	4009.3	2270.2	1739.1	531.1	1325.1
2022.12	4019.7	2303.4	1716.3	587.1	1408.3

注 1：外商直接投资为累计值。

Note 1: Monthly data for foreign direct investment are grand totals.

注 2：进出口、贸易差额和外商直接投资数据以 SDR 为计值单位。具体方法为：以商务部和中国海关总署发布的美元计值的月度外商直接投资和进出口、贸易差额发生额数据为基础，根据国际货币基金组织每个工作日公布的 SDR 对美元汇率计算月均汇率，折算以 SDR 计值的月度数据。季度和年度数据均由 SDR 计值月度数据累计相加获得。

Note 2: Data for import, export, trade balance and foreign direct investment are measured in SDR. The method is to convert the monthly data for foreign direct investment, imports, exports and trade balance measured by US dollar, which are published by the Ministry of Commerce and the General Administration of Customs of China, to monthly data measured in SDR. The monthly SDR value is averaged by the daily SDR value against US dollar published by IMF. Quarterly and annual data are aggregated from the converted monthly data.

2.1 主要金融指标
Major Financial Indicators

单位：亿元
Unit:100 Million Yuan

时间 Time	社会融资规模增量 Aggregate Financing to the Real Economy(AFRE, Flow)	M2	M1	M0	金融机构人民币各项存款 Total Deposits by All Financial Institutions	住户存款 Deposits of Households	金融机构人民币各项贷款 Total Loans by All Financial Institutions
2015	154063	1392278	400953	63217	1357022	546078	939540
2016	177999	1550067	486557	68304	1505864	597751	1066040
2017	261536	1676769	543790	70646	1641044	643768	1201321
2018	224920	1826744	551686	73208	1775226	716038	1362967
2019	256735	1986489	576009	77189	1928785	813017	1531123
2020.01	50535	2023066	545532	93249	1958066	855387	1564498
2020.02	59272	2030830	552701	88187	1968311	854188	1573555
2020.03	111110	2080923	575050	83022	2009933	877723	1602089
2020.04	142137	2093534	570150	81485	2022635	869727	1619067
2020.05	174003	2100184	581111	79707	2045740	874546	1633888
2020.06	208684	2134949	604318	79459	2074780	896318	1651999
2020.07	225612	2125458	591193	79867	2075583	889123	1661925
2020.08	261465	2136837	601289	80043	2094948	893096	1674708
2020.09	296158	2164085	602312	82371	2110774	912537	1693665
2020.10	310086	2149720	609182	81036	2106803	902967	1700563
2020.11	331441	2172003	618632	81594	2127814	909302	1714900
2020.12	347917	2186796	625581	84315	2125721	925986	1727452
2021.01	51884	2213047	625564	89625	2161419	940838	1763235
2021.02	69128	2236030	593487	91925	2172935	973409	1776829
2021.03	102889	2276488	616113	86544	2209233	992778	1804131
2021.04	121459	2262107	605422	85803	2201982	977069	1818817
2021.05	140981	2275538	616828	84178	2227608	978141	1833780
2021.06	177998	2317788	637479	84347	2266173	1000474	1854977
2021.07	188750	2302154	620367	84718	2254852	986915	1865808
2021.08	218643	2312268	626659	85059	2268545	990253	1877961
2021.09	247669	2342830	624646	86867	2291808	1010914	1894591
2021.10	263845	2336160	626082	86086	2299457	998862	1902853
2021.11	289827	2356013	637482	87433	2310856	1006170	1915585
2021.12	313407	2382900	647443	90825	2322500	1025012	1926903
2022.01	61759	2431023	613859	106189	2360691	1079150	1966521
2022.02	73928	2441489	621612	97228	2386080	1076227	1978857
2022.03	120493	2497688	645064	95142	2430956	1103202	2010111
2022.04	129820	2499711	636139	95626	2431865	1096170	2016564
2022.05	158235	2527026	645108	95547	2462241	1103564	2035448
2022.06	210161	2581451	674375	96011	2510547	1128280	2063512
2022.07	217945	2578079	661832	96509	2510994	1124900	2070302
2022.08	242657	2595068	664605	97231	2523761	1133186	2082844
2022.09	278068	2626601	664535	98672	2550054	1157130	2107582
2022.10	287202	2612915	662141	98417	2548210	1152027	2113734
2022.11	307039	2647008	667043	99740	2577756	1174574	2125870
2022.12	320097	2664321	671675	104706	2584998	1203387	2139853

注 1：社会融资规模增量是指在一定时期内实体经济从金融体系获得的资金额。
Note 1: AFRE(Flow) refers to the total volume of financing provided by the financial system to the real economy during a certain period of time.
注 2：自 2019 年 12 月起，中国人民银行进一步完善社会融资规模统计，将“国债”和“地方政府一般债券”纳入社会融资规模统计，与原有“地方政府专项债券”合并为“政府债券”指标。指标数值为托管机构的托管面值。自 2019 年 9 月起，中国人民银行完善“社会融资规模”中的“企业债券”统计，将“交易所企业资产支持证券”纳入“企业债券”指标。自 2018 年 9 月起，中国人民银行将“地方政府专项债券”纳入社会融资规模统计。自 2018 年 7 月起，中国人民银行完善社会融资规模统计方法，将“存款类金融机构资产支持证券”和“贷款核销”纳入社会融资规模统计，在“其他融资”项下单独列示。
Note 2: Since December 2019,the PBC has made further efforts to improve the statistical method of AFRE. “Treasury Bonds” and “Local Government General Bonds” have been newly introduced into AFRE and have merged with “Local Government Special Bonds” into “Government Bonds”, which is recorded at face value at depositories. Since September 2019, the PBC has improved the statistics of “Net Financing of Corporate Bonds” in AFRE, and has incorporated “Asset-backed Securities of Non-Financial Enterprises” into “Net Financing of Corporate Bonds”. Since September 2018, the PBC has incorporated “Local Government Special Bonds” into AFRE. Since July 2018, the PBC has improved the statistical method of AFRE, and has incorporated “Asset-backed Securities of Depository Financial Institutions” and “Loans Written off” into AFRE, which is reflected as a sub-item of “Other Financing”.
注 3：当期数据为初步统计数。自 2017 年 1 月以来，数据进行了可比口径调整，详见中国人民银行官网最新社会融资规模数据表附注。
Note 3: Data for the current period are preliminary. Data are comparably adjusted as of January 2017. Please refer to the notes of the latest AFRE release on the website of the PBC for details.

2.2 主要金融指标（消除季节因素）
Major Financial Indicators (Seasonally Adjusted)

单位：亿元
Unit:100 Million Yuan

时间 Time	M2	M1	M0	金融机构各项存款 Total Deposits by All Financial Institutions	储蓄存款 * Savings Deposits*	金融机构各项贷款 ** Total Loans by All Financial Institutions**
2015	1401059	387380	63096	1372276	532681	946431
2016	1557929	472141	67769	1520677	573783	1072919
2017	1688864	530623	70759	1661762	602648	1210909
2018	1836845	535700	73304	1790188	636585	1386643
2019	1995729	562439	77045	1632903	700878	1549227
2020.01	2008215	549893	82321	1664639	724506	1566702
2020.02	2019176	566261	80160	1683958	712686	1580288
2020.03	2060460	573983	80570	1714682	723521	1602482
2020.04	2092515	579961	81725	1727441	733552	1622806
2020.05	2110173	586578	82017	1747826	745188	1641800
2020.06	2124229	591335	82933	1758328	762635	1657016
2020.07	2130210	593145	82937	1748143	766269	1671420
2020.08	2144114	599013	83590	1757209	776433	1688133
2020.09	2163429	603488	84367	1775679	786847	1706946
2020.10	2169922	607088	84237	1774807	794435	1721598
2020.11	2187196	612702	85270	1787228	806587	1737300
2020.12	2197843	614973	85111	1808447	816451	1754025
2021.01	2200210	620662	79224	1838829	816977	1770350
2021.02	2227110	616220	83061	1854261	829112	1790753
2021.03	2252951	618219	85975	1862633	845228	1810785
2021.04	2261644	616815	85786	1862218	847493	1826840
2021.05	2278636	622770	86803	1859585	855076	1843746
2021.06	2297226	625681	87287	1879559	865485	1862845
2021.07	2302154	620367	84718	1878476	863325	1877757
2021.08	2312268	626659	85059	1890285	868086	1890595
2021.09	2342830	624646	86867	1911186	888763	1908152
2021.10	2362376	625700	90131	1907236	893920	1926099
2021.11	2380040	630969	90824	1925156	900776	1943132
2021.12	2398285	634630	91449	1936830	910484	1956866
2022.01	2417921	617929	88459	1970182	934621	1974309
2022.02	2437713	639062	93585	1980124	933758	1989090
2022.03	2463042	647075	93938	2009878	942795	2011110
2022.04	2496653	647724	95870	2022056	960044	2022774
2022.05	2523541	649737	97702	2039614	972627	2042171
2022.06	2550920	657645	98859	2056431	981577	2062339
2022.07	2580502	661884	100095	2079612	999425	2078777
2022.08	2604087	660583	101323	2096325	1013966	2096557
2022.09	2624337	665385	100967	2121380	1025254	2118780
2022.10	2641738	660893	102859	2127499	1043007	2131336
2022.11	2666946	659497	104016	2152906	1065609	2149867
2022.12	2685102	659904	105218	2173169	1081260	2169685

* “居民储蓄存款”更名为“储蓄存款”。

* “Household Savings Deposits” is renamed as “Savings Deposits”.

** 各项贷款按可比口径数据计算，包含2001—2008年剥离出去的不良贷款数据。

** Total loans are calculated on the basis of comparable basis, which include the non-performing loans separated from financial institutions from 2001 to 2008.

2.3 1 社会融资规模增量统计表
Aggregate Financing to the Real Economy (Flow)

单位：亿元
Unit: 100 Million Yuan

时间 Time	社会融资规模增量 AFRE (Flow)	其中 of Which									
		人民币贷款 RMB Loans	外币贷款（折合人民币）Foreign Currency-denominated Loans (RMB equivalent)	委托贷款 Entrusted Loans	信托贷款 Trust Loans	未贴现的银行承兑汇票 Undiscounted Bankers' Acceptances	企业债券 Net Financing of Corporate Bonds	政府债券 Government Bonds	非金融企业境内股票融资 Equity Financing on the Domestic Stock Market by Non-financial Enterprises	存款类金融机构资产支持证券 Asset-backed Securities of Depository Financial Institutions	贷款核销 Loans Written off
2012.01	9754	7381	-148	1646	247	-214	442	—	81	—	—
2012.02	10431	7107	526	394	522	-284	1544	—	229	—	—
2012.03	18703	10114	950	770	1018	2821	1974	—	565	—	—
2012.04	9637	6818	96	1015	37	279	887	—	190	—	—
2012.05	11432	7932	302	215	557	380	1441	—	184	—	—
2012.06	17802	9198	1040	789	988	3113	1982	—	246	—	—
2012.07	10522	5401	70	1279	384	218	2486	—	316	—	—
2012.08	12475	7039	743	1046	1238	-846	2579	—	208	—	—
2012.09	16462	6226	1764	1449	2012	2155	2278	—	158	—	—
2012.10	12906	5054	1290	941	1444	729	2992	—	88	—	—
2012.11	11225	5220	1045	1218	1802	-489	1820	—	107	—	—
2012.12	16282	4546	1486	2079	2598	2637	2126	—	135	—	—
2013.01	25446	10721	1795	2061	2108	5798	2249	—	244	—	—
2013.02	10705	6200	1149	1426	1825	-1823	1454	—	165	—	—
2013.03	25503	10625	1509	1748	4312	2731	3870	—	208	—	—
2013.04	17629	7923	847	1926	1942	2218	2039	—	274	—	—
2013.05	11871	6694	357	1967	971	-1141	2230	—	231	—	—
2013.06	10375	8628	133	1990	1208	-2615	323	—	126	—	—
2013.07	8191	6997	-1157	1927	1151	-1777	476	—	128	—	—
2013.08	15841	7128	-360	2938	1209	3049	1240	—	136	—	—
2013.09	14120	7870	891	2218	1130	-79	1443	—	113	—	—
2013.10	8645	5060	53	1834	431	-345	1078	—	78	—	—
2013.11	12310	6246	122	2704	1006	60	1424	—	147	—	—
2013.12	12532	4824	509	2727	1111	1679	287	—	369	—	—
2014.01	25902	13176	1500	3971	1059	4902	375	—	454	—	—
2014.02	8924	6434	1128	540	747	-1419	1026	—	169	—	—
2014.03	20194	10202	1201	2130	1071	2252	2464	—	352	—	—
2014.04	14992	7734	69	1365	398	789	3664	—	582	—	—
2014.05	13583	8791	-342	1655	125	-94	2797	—	162	—	—
2014.06	18957	10780	131	2139	1200	1445	2626	—	154	—	—
2014.07	1861	3754	-511	783	-158	-4157	1435	—	332	—	—
2014.08	9547	7003	-109	1651	-515	-1116	1934	—	217	—	—
2014.09	10883	8573	-684	1314	-326	-1410	2338	—	612	—	—
2014.10	6537	5521	-689	1043	-215	-2411	2590	—	279	—	—
2014.11	11270	8543	-281	1319	-314	-668	1807	—	379	—	—
2014.12	15674	6940	-179	3831	2102	688	836	—	658	—	—
2015.01	20516	14708	212	832	52	1946	1868	—	526	—	—
2015.02	13609	11437	-146	1299	38	-592	716	—	542	—	—
2015.03	12433	9920	-4	1111	-77	-910	1344	—	639	—	—
2015.04	10582	8045	-265	344	-46	-74	1616	—	597	—	—
2015.05	12397	8510	81	324	-195	961	1710	—	584	—	—
2015.06	18384	13240	560	1414	536	-1028	2132	—	1051	—	—
2015.07	7511	5890	-133	1137	99	-3317	2832	—	615	—	—
2015.08	11097	7756	-620	1198	317	-1577	3121	—	479	—	—
2015.09	13571	10417	-2344	2422	-159	-1279	3805	—	349	—	—
2015.10	5593	5574	-1317	1390	-201	-3697	3331	—	121	—	—
2015.11	10255	8873	-1142	910	-301	-2545	3378	—	568	—	—
2015.12	18114	8323	-1308	3530	370	1546	3535	—	1518	—	—

2.3 1 社会融资规模增量统计表

Aggregate Financing to the Real Economy (Flow)

单位：亿元

Unit: 100 Million Yuan

时间 Time	社会融资规模增量 AFRE (Flow)	其中 of Which									
		人民币贷款 RMB Loans	外币贷款（折合人民币）Foreign Currency-denominated Loans (RMB equivalent)	委托贷款 Entrusted Loans	信托贷款 Trust Loans	未贴现的银行承兑汇票 Undiscounted Bankers' Acceptances	企业债券 Net Financing of Corporate Bonds	政府债券 Government Bonds	非金融企业境内股票融资 Equity Financing on the Domestic Stock Market by Non-financial Enterprises	存款类金融机构资产支持证券 Asset-backed Securities of Depository Financial Institutions	贷款核销 Loans Written off
2016.01	34758	25370	-1727	2175	552	1327	5083	—	1469	—	—
2016.02	8312	8105	-569	1650	308	-3705	1386	—	810	—	—
2016.03	23931	13176	6	1660	732	173	7081	—	562	—	—
2016.04	7809	5642	-706	1694	269	-2776	2366	—	951	—	—
2016.05	6720	9374	-524	1566	121	-5067	-300	—	1073	—	—
2016.06	16464	13141	-267	1721	809	-2720	1993	—	1158	—	—
2016.07	4791	4550	-401	1775	210	-5118	2208	—	1135	—	—
2016.08	14605	7969	70	1432	736	-376	3236	—	1075	—	—
2016.09	17085	12628	-487	1451	1057	-2230	2842	—	1368	—	—
2016.10	8825	6010	-335	725	530	-1801	2152	—	1125	—	—
2016.11	18303	8463	-310	1994	1625	1171	3834	—	861	—	—
2016.12	16397	9943	-389	4011	1643	1606	-2016	—	828	—	—
2017.01	37720	23133	126	3142	3128	6130	-510	665	1225	-129	253
2017.02	11055	10317	368	1181	1026	-1719	-899	-191	570	-10	149
2017.03	25472	11586	288	2043	3020	2390	264	3230	800	164	846
2017.04	19559	10806	-283	-48	1381	345	628	5939	769	-505	210
2017.05	17812	11780	-99	-274	1791	-1245	-2365	6505	458	294	277
2017.06	25886	14474	73	-26	2485	-230	-5	6571	487	113	1309
2017.07	21188	9152	-213	187	1245	-2037	2642	9472	536	-505	205
2017.08	20486	11466	-332	-70	1218	242	1525	4420	653	446	250
2017.09	25439	11885	-232	783	2362	784	1669	5486	519	324	1276
2017.10	15861	6635	-44	108	1013	12	1628	4968	601	61	271
2017.11	22956	11428	198	306	1400	15	979	5979	1324	248	481
2017.12	18103	5769	169	661	2163	676	688	2759	817	1476	2059
2018.01	31417	26850	266	-709	397	1437	1894	5	500	-137	320
2018.02	12064	10199	86	-750	674	106	734	175	379	-146	261
2018.03	17091	11425	139	-1850	-343	-323	3611	1816	404	387	1234
2018.04	22243	10987	-26	-1481	-101	1454	4042	5303	533	821	259
2018.05	11234	11396	-228	-1570	-936	-1741	-351	2728	438	377	479
2018.06	20373	16787	-364	-1642	-1576	-3649	1308	6509	258	272	1737
2018.07	18382	12861	-773	-950	-1205	-2744	2189	7998	175	123	176
2018.08	24078	13140	-344	-1207	-685	-779	3541	8651	141	501	377
2018.09	23061	14341	-670	-1432	-890	-548	15	9108	272	895	1615
2018.10	9538	7141	-800	-949	-1366	-453	1523	3032	176	188	446
2018.11	16127	12302	-787	-1310	-455	-127	3918	-247	200	1157	729
2018.12	19311	9281	-702	-2210	-488	1023	3895	3452	130	1503	2522
2019.01	46791	35668	343	-699	345	3787	4829	1700	289	-466	249
2019.02	9665	7641	-105	-508	-37	-3103	875	4347	119	-14	201
2019.03	29602	19584	3	-1070	528	1365	3546	3412	122	261	1227
2019.04	16710	8733	-330	-1197	129	-357	3949	4433	262	243	316
2019.05	17124	11855	191	-631	-52	-768	1033	3857	259	383	392
2019.06	26243	16737	-4	-827	15	-1311	1439	6867	153	607	1806
2019.07	12872	8086	-221	-987	-676	-4562	2944	6427	593	286	244
2019.08	21956	13045	-247	-513	-658	157	3384	5059	256	269	351
2019.09	25142	17612	-440	-22	-672	-431	2431	3777	289	284	1692
2019.10	8680	5470	-10	-667	-624	-1053	2032	1871	180	623	416
2019.11	19937	13633	-249	-959	-673	570	3330	1716	524	693	639
2019.12	22013	10770	-205	-1316	-1092	951	3593	3738	432	865	3018

2.3 1 社会融资规模增量统计表
Aggregate Financing to the Real Economy (Flow)

单位：亿元
Unit: 100 Million Yuan

时间 Time	社会融资规模增量 AFRE (Flow)	其中 of Which 人民币贷款 RMB Loans	外币贷款（折合人民币）Foreign Currency-denominated Loans (RMB equivalent)	委托贷款 Entrusted Loans	信托贷款 Trust Loans	未贴现的银行承兑汇票 Undiscounted Bankers' Acceptances	企业债券 Net Financing of Corporate Bonds	政府债券 Government Bonds	非金融企业境内股票融资 Equity Financing on the Domestic Stock Market by Non-financial Enterprises	存款类金融机构资产支持证券 Asset-backed Securities of Depository Financial Institutions	贷款核销 Loans Written off
2020.01	50535	34924	513	-26	432	1403	3967	7613	609	478	166
2020.02	8737	7202	252	-356	-540	-3961	3894	1824	449	-549	263
2020.03	51838	30390	1145	-588	-21	2818	9931	6344	198	-161	1117
2020.04	31027	16239	910	-579	23	577	9237	3357	315	-202	460
2020.05	31866	15502	457	-273	-337	836	2879	11362	353	-88	413
2020.06	34681	19029	204	-484	-852	2190	3686	7450	538	-15	2044
2020.07	16928	10221	-524	-152	-1367	-1130	2358	5459	1215	-742	748
2020.08	35853	14201	397	-415	-316	1441	3659	13788	1282	308	643
2020.09	34693	19171	-302	-317	-1159	1503	1316	10116	1141	440	1790
2020.10	13929	6663	-175	-174	-875	-1089	2263	4931	927	194	539
2020.11	21355	15309	-447	-31	-1387	-625	840	4000	771	1270	673
2020.12	16476	11458	-981	-559	-4620	-2216	-281	6973	1126	1177	3366
2021.01	51884	38182	1098	91	-842	4902	3917	2437	991	-28	280
2021.02	17243	13413	464	-100	-936	639	1356	1017	693	-177	370
2021.03	33762	27511	282	-42	-1791	-2296	3807	3131	783	477	1080
2021.04	18570	12840	-272	-213	-1328	-2152	3624	3739	814	174	456
2021.05	19522	14294	7	-408	-1295	-926	-1077	6701	717	247	378
2021.06	37017	23182	701	-474	-1046	-221	3927	7508	956	-23	1779
2021.07	10752	8391	-78	-151	-1571	-2316	3091	1820	938	-19	269
2021.08	29893	12713	347	177	-1362	127	4649	9738	1478	268	526
2021.09	29026	17755	-19	-22	-2098	14	1137	8066	772	642	1505
2021.10	16176	7752	-33	-173	-1061	-886	2261	6167	846	-139	348
2021.11	25983	13021	-134	35	-2190	-383	4006	8158	1294	742	582
2021.12	23580	10350	-649	-416	-4553	-1419	2167	11674	1851	618	2726
2022.01	61759	41988	1031	428	-680	4733	5838	6026	1439	-215	204
2022.02	12170	9084	480	-74	-751	-4228	3610	2722	585	-53	257
2022.03	46565	32291	239	107	-259	287	3750	7074	958	-102	1584
2022.04	9327	3616	-760	-2	-615	-2557	3652	3912	1166	-216	484
2022.05	28415	18230	-240	-132	-619	-1068	366	10582	292	-191	487
2022.06	51926	30540	-291	-380	-828	1066	2346	16216	589	-23	1760
2022.07	7785	4088	-1137	89	-398	-2744	960	3998	1437	-357	1021
2022.08	24712	13344	-826	1755	-472	3486	1512	3045	1251	4	625
2022.09	35411	25686	-713	1508	-191	132	345	5533	1022	-192	1512
2022.10	9134	4431	-724	470	-61	-2156	2413	2791	788	-132	326
2022.11	19837	11448	-648	-88	-365	191	604	6520	788	-233	625
2022.12	13058	14401	-1665	-101	-764	-554	-4887	2809	1443	-152	1384

注 1：社会融资规模增量是指在一定时期内实体经济从金融体系获得的资金额。
Note 1: AFRE(Flow) refers to the total volume of financing provided by the financial system to the real economy during a certain period of time.
注 2：社会融资规模中的本外币贷款是指一定时期内实体经济从金融体系获得的人民币和外币贷款，不包含银行业金融机构拆放给非银行业金融机构的款项和境外贷款。
Note 2: RBM loans and foreign currency loans in AFRE refer to those issued to the real economy by the financial system during a certain period of time,barring the funds lend to non-bank financial institutions by the banking financial institutions and external loans.
注 3：数据来源于中国人民银行、中国银行保险监督管理委员会、中国证券监督管理委员会、中央国债登记结算有限责任公司和中国银行间市场交易商协会等。
Note 3: Source of data: the PBC, CBIRC, CSRC, CCDC and NAFMII.
注 4：自 2019 年 12 月起，中国人民银行进一步完善社会融资规模统计，将“国债”和“地方政府一般债券”纳入社会融资规模统计，与原有“地方政府专项债券”合并为“政府债券”指标。指标数值为托管机构的托管面值。自 2019 年 9 月起，中国人民银行完善“社会融资规模”中的“企业债券”统计，将“交易所企业资产支持证券”纳入“企业债券”指标。自 2018 年 9 月起，中国人民银行将“地方政府专项债券”纳入社会融资规模统计。自 2018 年 7 月起，中国人民银行完善社会融资规模统计方法，将“存款类金融机构资产支持证券”和“贷款核销”纳入社会融资规模统计，在“其他融资”项下单独列示。
Note 4: Since December 2019,the PBC has made further efforts to improve the statistical method of AFRE. “Treasury Bonds” and “Local Government General Bonds” have been newly introduced into AFRE and have merged with “Local Government Special Bonds” into “Government Bonds”, which is recorded at face value at depositories. Since September 2019, the PBC has improved the statistics of “Net Financing of Corporate Bonds” in AFRE, and has incorporated “Asset-backed Securities of Non-Financial Enterprises” into “Net Financing of Corporate Bonds”. Since September 2018, the PBC has incorporated “Local Government Special Bonds” into AFRE. Since July 2018, the PBC has improved the statistical method of AFRE, and has incorporated “Asset-backed Securities of Depository Financial Institutions” and “Loans Written off” into AFRE, which is reflected as a sub-item of “Other Financing”.
注 5：当期数据为初步统计数。自 2017 年 1 月以来，数据进行了可比口径调整，详见中国人民银行官网最新社会融资规模数据表附注。
Note 5: Data for the current period are preliminary. Data are comparably adjusted as of January 2017. Please refer to the notes of the latest AFRE release on the website of the PBC for details.

2.3 2 2022 年地区社会融资规模增量统计表

Aggregate Financing to the Real Economy(flow) by Province(2022)

单位：亿元
Unit:100 Million Yuan

地区	Province	地区社会融资规模增量 Aggregate Financing to the Real Economy(Flow) by Province	其中 of Which							
			人民币贷款 RMB Loans	外币贷款（折合人民币） Foreign Currency-denominated Loans (RMB equivalent)	委托贷款 Entrusted Loans	信托贷款 Trust Loans	未贴现银行承兑汇票 Undiscounted Bankers' Acceptances	企业债券 Net Financing of Corporate Bonds	政府债券 Government Bonds	非金融企业境内股票融资 Equity Financing on the Domestic Stock Market by Non-financial Enterprises
北京	Beijing	11440	8976	-540	-635	-40	356	35	1795	1868
天津	Tianjin	3429	1561	-127	-15	-105	357	304	762	247
河北	Hebei	12255	8688	-24	136	343	-754	239	2577	208
山西	Shanxi	3853	3517	-108	-210	-52	-523	-7	872	13
内蒙古	Inner Mongolia	1914	1953	-16	-20	-101	-521	-128	444	27
辽宁	Liaoning	835	1295	-148	43	-10	-1164	-407	480	170
吉林	Jilin	2537	1731	5	0	-18	-279	-92	907	50
黑龙江	Heilongjiang	1569	977	-16	-40	-89	-361	65	761	39
上海	Shanghai	8842	7385	-770	-72	-1406	441	352	1193	1110
江苏	Jiangsu	33754	25949	41	107	-131	-390	3881	1734	1266
浙江	Zhejiang	34921	24078	-283	298	-519	2662	3507	2743	1133
安徽	Anhui	11803	8880	-143	232	-342	-248	979	1715	192
福建	Fujian	11480	7996	-297	95	-267	-230	1021	1811	776
江西	Jiangxi	8624	5589	-118	79	17	-301	793	1834	275
山东	Shandong	21241	13013	-375	315	102	180	2543	3592	391
河南	Henan	9894	6086	-620	199	251	-1489	1084	2629	283
湖北	Hubei	11049	7192	-196	541	-257	-354	1241	1963	315
湖南	Hunan	9832	6445	-115	166	-86	-172	851	1798	251
广东	Guangdong	35104	23268	-402	812	-323	1663	1862	4649	1900
广西	Guangxi	6952	4867	-79	179	0	298	177	1152	24
海南	Hainan	1212	568	-119	-16	0	35	-12	429	123
重庆	Chongqing	5288	3284	-272	301	-225	-468	495	1459	177
四川	Sichuan	17599	12010	-105	354	105	126	1598	2464	247
贵州	Guizhou	4631	4394	-20	-7	-445	-258	-86	603	146
云南	Yunnan	4562	3703	-25	159	-363	-392	-198	1146	144
西藏	Tibet	151	281	0	3	-102	-72	-65	72	5
陕西	Shaanxi	6839	4578	-115	42	-7	115	655	1098	138
甘肃	Gansu	1923	1581	-46	153	-439	-194	-305	906	14
青海	Qinghai	-395	226	-1	-44	-563	-216	-99	257	0
宁夏	Ningxia	746	598	2	23	0	-34	15	70	0
新疆	Xinjiang	4087	2337	-11	42	-84	-165	167	1364	223

注 1：地区社会融资规模增量是指在一定时期、一定区域内实体经济从金融体系获得的资金总额。
Note 1: Aggregate Financing to the Real Economy(AFRE, flow) by province refers to the total volume of financing provided by the financial system to the real economy during a certain period of time in each province.
注 2：表中数据为初步统计数。
Note 2: The statistics are preliminary.
注 3：数据来源于中国人民银行、中国银行保险监督管理委员会、中国证券监督管理委员会、中央国债登记结算有限责任公司和中国银行间市场交易商协会等。
Note 3: Source of data: the PBC, CBIRC, CSRC, CCDC and NAFMII.
注 4：由金融机构总行（或总部）提供的社会融资规模为 3.21 万亿元。
Note 4: AFRE provided by headquarters of financial institutions is 3.21 trillion yuan.
注 5：自 2019 年 12 月起，中国人民银行进一步完善社会融资规模统计，将“国债”和“地方政府一般债券”纳入社会融资规模统计，与原有“地方政府专项债券”合并为“政府债券”指标，指标数值为托管机构的托管面值。自 2019 年 9 月起，中国人民银行进一步完善“社会融资规模”中的“企业债券”统计，将“交易所企业资产支持证券”纳入“企业债券”指标。自 2018 年 9 月起，中国人民银行将“地方政府专项债券”纳入社会融资规模统计，地方政府专项债券按照债权债务在托管机构登记日统计。自 2018 年 7 月起，中国人民银行完善社会融资规模统计方法，将“存款类金融机构资产支持证券”和“贷款核销”纳入社会融资规模统计，在“其他融资”项下单独列示。
Note 5: Since December 2019, the PBC has made further efforts to improve the statistical method of AFRE. “Treasury Bonds” and “Local Government General Bonds” have been newly introduced into AFRE and has merged with “Local Government Special Bonds” into “Government Bonds ”, which is recorded at face value at depositories. Since September 2019, the PBC has improved the statistics of Net Financing of Corporate Bonds in AFRE, and has incorporated “Asset-backed Securities of Non-Financial Enterprises” into “Net Financing of Corporate Bonds”. Since September 2018, the PBC has incorporated “Local government special bonds” into AFRE, which is recorded when claims and obligations are registered at depositories. Since July 2018, the PBC has improved the statistical method of AFRE, and has incorporated “Asset-backed Securities of Depository Financial Institutions” and “Loans Written off ” into AFRE, which is reflected as a sub-item of “Other Financing”.

2.4 社会融资规模存量统计表
Aggregate Financing to the Real Economy (Stock)

单位：亿元，%
Unit:100 Million Yuan，%

时间 Time	社会融资规模存量 AFRE (Stock)	社会融资规模存量同比增速 (Stock, Growth Rate)	其中 of Which									
			人民币贷款 RMB Loans	外币贷款（折合人民币）Foreign Currency-denominated Loans (RMB equivalent)	委托贷款 Entrusted Loans	信托贷款 Trust Loans	未贴现的银行承兑汇票 Undiscounted Bankers' Acceptances	企业债券 Net Financing of Corporate Bonds	政府债券 Government Bonds	非金融企业境内股票融资 Equity Financing on the Domestic Stock Market by Non-financial Enterprises	存款类金融机构资产支持证券 Asset-backed Securities of Depository Financial Institutions	贷款核销 Loans Written off
2008	379765	20.5	18.7	5.1	29.1	84.3	9.2	78.7	—	17.7	—	—
2009	511835	34.8	31.3	55.5	35.8	63.4	36.5	86.2	—	18.3	—	—
2010	649869	27.0	19.9	15.9	44.2	34.4	135.5	42.3	—	30.9	—	—
2011	767791	18.3	16.1	13.1	21.2	13.5	25.6	36.2	—	17.7	—	—
2012	914675	19.1	15.0	27.2	17.1	75.0	21.0	44.4	—	8.6	—	—
2013	1075217	17.6	14.2	7.2	39.7	61.1	12.7	24.2	—	6.7	—	—
2014	1229386	14.3	13.6	4.1	29.2	10.8	-1.1	25.8	—	11.8	—	—
2015	1382824	12.5	13.9	-13.0	18.0	2.0	-14.8	25.1	—	20.2	—	—
2016	1559884	12.8	13.4	-12.9	19.8	15.8	-33.3	22.4	—	27.6	—	—
2017	2059098	14.1	13.2	-5.8	5.9	35.9	13.7	3.9	24.7	15.2	40.5	61.4
2018	2270356	10.3	13.2	-10.7	-11.5	-8.0	-14.3	9.8	17.2	5.4	86.7	50.9
2019	2514071	10.7	12.5	-4.6	-7.6	-4.4	-12.5	13.8	14.3	5.0	31.5	35.1
2020	2847526	13.3	13.2	-0.6	-3.4	-14.8	5.3	16.9	22.1	12.1	12.5	30.1
2021	3141163	10.3	11.6	6.3	-1.6	-31.3	-14.0	8.6	15.2	14.7	14.7	19.5
2022.01	3200293	10.5	11.6	2.9	-1.1	-31.9	-12.9	9.4	15.9	15.1	13.7	19.2
2022.02	3211248	10.2	11.2	2.0	-1.1	-32.1	-24.7	10.1	16.3	14.8	14.5	18.9
2022.03	3256288	10.5	11.3	0.7	-1.0	-30.5	-19.5	10.2	17.0	14.9	11.1	19.4
2022.04	3264656	10.2	10.7	4.4	-0.8	-29.9	-21.8	10.3	16.9	15.2	9.0	19.3
2022.05	3291974	10.5	10.9	5.6	-0.5	-29.4	-22.7	10.7	17.5	14.5	6.7	19.4
2022.06	3342758	10.8	11.1	0.5	-0.5	-29.6	-19.2	10.1	19.0	14.0	6.7	18.8
2022.07	3349039	10.7	10.9	-3.6	-0.2	-28.3	-21.9	9.3	19.4	14.4	5.0	20.0
2022.08	3372169	10.5	10.8	-6.7	1.2	-27.4	-11.5	8.0	17.6	13.9	3.6	20.0
2022.09	3406510	10.6	11.1	-7.1	2.6	-24.8	-11.2	7.7	16.9	14.0	-0.6	19.5
2022.10	3414188	10.3	10.9	-7.7	3.2	-23.3	-15.5	7.8	16.0	13.9	-0.6	19.3
2022.11	3431916	10.0	10.8	-9.9	3.1	-20.6	-13.8	6.3	15.4	13.1	-5.2	19.2
2022.12	3442121	9.6	10.9	-17.4	3.4	-14.0	-11.6	3.6	13.4	12.4	-8.6	16.3

注 1：社会融资规模存量是指一定时期末实体经济从金融体系获得的资金余额。
Note 1: AFRE (Stock) refers to the outstanding of financing provided by the financial system to the real economy at the end of a period.
注 2：存量数据基于账面值或面值计算。
Note 2: Stock figures are based on book-value or face-value.
注 3：数据来源于中国人民银行、中国银行保险监督管理委员会、中国证券监督管理委员会、中央国债登记结算有限责任公司和中国银行间市场交易商协会等。
Note 3: Source of data: the PBC, CBIRC,CSRC,CCDC and NAFMII.
注 4：自 2019 年 12 月起，中国人民银行进一步完善社会融资规模统计，将“国债”和“地方政府一般债券”纳入社会融资规模统计，与原有“地方政府专项债券”合并为“政府债券”指标。指标数值为托管机构的托管面值。自 2019 年 9 月起，中国人民银行完善“社会融资规模”中的“企业债券”统计，将“交易所企业资产支持证券”纳入“企业债券”指标。自 2018 年 9 月起，中国人民银行将“地方政府专项债券”纳入社会融资规模统计。自 2018 年 7 月起，中国人民银行完善社会融资规模统计方法，将“存款类金融机构资产支持证券”和“贷款核销”纳入社会融资规模统计，在“其他融资”项下单独列示。
Note 4: Since December 2019, the PBC has made further efforts to improve the statistical method of AFRE. “Treasury Bonds” and “Local Government General Bonds” have been newly introduced into AFRE and have merged with “Local Government Special Bonds” into “Government Bonds”, which is recorded at face value at depositories. Since September 2019, the PBC has improved the statistics of “Net Financing of Corporate Bonds” in AFRE, and has incorporated “Asset-backed Securities of Non-Financial Enterprises” into “Net Financing of Corporate Bonds”. Since September 2018, the PBC has incorporated “Local Government Special Bonds” into AFRE. Since July 2018, the PBC has improved the statistical method of AFRE, and has incorporated “Asset-backed Securities of Depository Financial Institutions” and “Loans Written off” into AFRE, which is reflected as a sub-item of “Other Financing”.
注 5：当期数据为初步统计数。自 2017 年 1 月以来数据进行了可比口径调整，详见中国人民银行官网最新社会融资规模数据表附注。
Note 5: Data for the current period are preliminary. Data are comparably adjusted as of January 2017. Please refer to the notes of the latest AFRE release on the website of the PBC for details.

2.5 1 金融机构信贷收支表（人民币）
Sources and Uses of Credit Funds of Financial Institutions (RMB)

单位：亿元
Unit:100 Million Yuan

时间 Time	资金来源总计 Total Funds Sources	各项存款 Total Deposits	非金融企业存款 Deposits of Non-financial Enterprises	财政存款 Fiscal Deposits	住户存款 Deposits of Households	活期及临时性存款 Demand & Temporary Deposits	定期及其他存款 * Time & Other Deposits*	其他类存款 ** Other Deposits**	金融债券 Financial Bonds	流通中现金 Currency in Circulation	对国际金融机构负债 Liabilities to International Financial Institutions	其他 Other Items
2008	538405.6	466203.3	157632.2	18040.0	217885.4	78585.2	139300.2	72645.7	20852.5	34219.0	732.6	16398.2
2009	681874.8	597741.1	217110.0	22411.5	260771.7	100541.3	160230.4	97447.8	16203.4	38246.0	761.7	28922.6
2010	805879.1	718237.9	244495.6	25455.0	303302.5	124888.6	178413.9	144984.8	13526.9	44628.2	720.1	28766.0
2011.03	828977.4	752838.4	281727.1	29981.6	327629.2	130028.6	197600.5	113500.5	6042.6	44845.2	774.2	24477.0
2011.06	851311.8	786432.6	294263.3	36271.4	333678.6	132640.3	201038.2	122219.3	7597.4	44477.8	795.1	12008.9
2011.09	878645.1	794100.4	290918.5	38160.1	337212.3	130681.8	206530.5	127809.5	7393.6	47145.3	797.3	29208.5
2011.12	900401.6	809368.3	303504.3	26223.1	348045.6	137576.2	210469.4	131595.4	10638.8	50748.5	776.5	29469.5
2012.03	931667.6	846931.7	299252.9	26886.6	380498.1	145083.5	235414.6	140294.1	9016.7	49595.7	765.5	25358.0
2012.06	958431.0	883068.7	311166.7	31522.0	391186.0	148865.3	242320.7	149194.0	7220.7	49284.6	780.4	18076.6
2012.09	983508.1	899647.1	313959.7	32503.8	398069.7	150832.9	247236.8	155113.9	7695.3	53433.5	793.6	21938.6
2012.12	1002434.4	917554.8	327393.7	24426.4	406191.6	158271.8	247919.8	159543.1	8487.6	54659.8	827.7	20904.5
2013.03	1046828	979301	342606	25316	443408	173557	269851	167971	5508	55461	794	5764
2013.06	1076338	1009122	349741	33953	447772	169140	278632	177656	4375	54064	806	7971
2013.09	1105735	1030892	350387	38965	456348	171759	284589	185192	5728	56493	846	11772
2013.12	1132914	1043847	361555	30133	461370	178050	283320	190789	6681	58574	854	22958
2014.03	1221581	1091022	531168	31063	494023	189049	304974	204142	9349	58329	880	12465
2014.06	1204845	1136075	383718	36674	501628	187221	314407	214055	10049	56951	894	876
2014.09	1229317	1126570	369510	41305	497860	179302	318558	217895	10570	58845	880	32452
2014.12	1258000	1138645	378334	35665	502504	182705	319799	222142	9843	60260	867	48385

注 1：对金融机构信贷收支表的说明详见第 94 页。

Note 1: Notes to the sheet of the Sources and Uses of Credit Funds of Financial Institutions can be read on page 94.

注 2：自 2011 年一季度起，部分指标名称和统计口径变动。以前年度数据未作调整。（1）“企业定活期存款”更名为“非金融企业存款”。（2）“储蓄存款”更名为“住户存款”。（3）“活期储蓄”更名为“活期及临时性存款”。（4）“定期储蓄”更名为“定期及其他存款”。

Note 2: As of 2011 Q1, changes have taken place in the name and statistical coverage for certain indicators. Historical data for previous periods are not adjusted accordingly. (1) “Demand & Time Deposits of Enterprises” is renamed as “Deposits of Non-financial Enterprises”. (2) “Savings Deposits” is renamed as “Deposits of Households”. (3) “Demand Deposits” under the category of saving deposits is renamed as “Demand & Temporary Deposits”. (4) “Time Deposits” under the category of savings deposits is renamed as “Time & Other Deposits”.

* 定期及其他存款包括定期存款、通知存款、定活两便存款、协议存款、协定存款、保证金存款、结构性存款。

* Time & other deposits cover the components of time deposits, notice deposits, savings & time optional deposits, agreed-term deposits, corporate agreement savings deposits, margin deposits and structure deposits.

** 其他类存款包括各项存款中除非金融企业存款、财政存款、住户存款之外的所有存款。

** Other deposits cover all the other deposits under total deposits excluding deposits of non-financial enterprises, fiscal deposits and deposits of households.

2.5 2 金融机构信贷收支表（人民币）
Sources and Uses of Credit Funds of Financial Institutions (RMB)

单位：亿元
Unit:100 Million Yuan

时间 Time	资金运用总计 Total Funds Uses	各项贷款 Total Loans	境内短期贷款 Domestic Short-term Loans	境内中长期贷款 Domestic Medium- and Long-term Loans	其他类贷款 * Other Loans*	有价证券及投资 Portfolio Investment	黄金占款 ** Position for Gold Purchase**	外汇占款 ** Position for Foreign Exchange Purchase**	国际金融机构资产 Assets with International Financial Institutions
2008	538405.6	303394.6	125181.7	154999.8	23213.2	65301.9	337.2	168431.1	940.7
2009	681874.8	399684.8	146611.3	222418.8	30654.7	86643.2	669.8	193112.5	1764.5
2010	805879.1	479195.6	166233.4	288930.4	24031.8	98526.1	669.8	225795.1	1692.5
2011.03	828977.4	494740.7	174954.9	302720.9	17064.9	94682.7	669.8	237036.0	1848.2
2011.06	851311.8	514025.4	184264.6	311026.9	18733.9	88091.4	669.8	246680.6	1844.6
2011.09	878645.1	529118.3	191783.3	316972.4	20362.6	91968.6	669.8	255118.2	1770.2
2011.12	900401.6	547946.7	203132.6	323806.5	21007.6	96479.4	669.8	253587.0	1718.7
2012.03	931667.6	572474.8	215703.9	332492.4	24278.5	100323.2	669.8	256493.9	1705.9
2012.06	958431.0	596422.6	226373.8	339859.8	30189.0	103046.9	669.8	256613.4	1678.4
2012.09	983508.1	615089.5	235942.5	347726.9	31420.1	108368.1	669.8	257707.6	1673.1
2012.12	1002434.4	629909.6	248272.8	352907.4	28729.4	111680.9	669.8	258533.5	1640.6
2013.03	1046828	657592	259872	367239	30481	116271	670	270687	1608
2013.06	1076338	680837	269169	378833	32835	119373	670	273887	1571
2013.09	1105753	702832	280495	391820	30517	125480	670	275179	1592
2013.12	1132914	718961	290238	398862	29861	125399	670	286304	1580
2014.03	1172045	749090	302593	416371	30126	126834	670	293852	1599
2014.06	1204845	776337	310624	431646	34067	131723	670	294513	1602
2014.09	1229317	795786	311674	444289	39823	136712	670	294592	1557
2014.12	1258000	816770	314796	459482	42492	144954	670	294090	1516

* 其他类贷款包括各项贷款中除境内短期贷款和境内中长期贷款之外的所有贷款。

* Other loans include all the loans except domestic short-term loans, domestic medium- and long-term loans.

** 自 2009 年 6 月起，本表“金银占款”更名为“黄金占款”。

** “Position for Gold and Silver Purchase” has been renamed as “Position for Gold Purchase” since June 2009.

2.5 3 金融机构信贷收支表（人民币）
Sources and Uses of Credit Funds of Financial Institutions (RMB)

单位：亿元
Unit:100 Million Yuan

时间 Time	资金来源合计 Total Funds Sources	各项存款 Total Deposits	境内存款 Domestic Deposits	住户存款 Deposits of Households	活期存款 Demand Deposits	定期及其他存款 Time & Other Deposits	非金融企业存款 Deposits of Non-financial Enterprises	活期存款 Demand Deposits	定期及其他存款 Time & Other Deposits	政府存款 Deposits of Government	非银行业金融机构 Deposits of Non-banking Financial Institutions	境外存款 Overseas Deposits	金融债券 Financial Bonds	流通中货币 Currency in Circulation	其他 Other Items
2015	1586049	1357022	1345783	546078	202869	343209	430247	174586	255661	241832	127625	11239	10062	63217	155749
2016	1759952	1505864	1497169	597751	231630	366121	502178	215107	287072	270379	126860	8695	31579	68304	154206
2017	1931934	1641044	1630577	643768	248239	395529	542405	237888	304517	304853	139552	10467	48000	70646	172245
2018.03	1982829	1691816	1681636	686804	258521	428283	529321	219818	309503	310348	155163	10180	53003	72693	165317
2018.06	2024395	1731176	1720273	686695	255578	431117	544362	230035	314327	326867	162348	10903	55887	69589	167743
2018.09	2075626	1761267	1749826	700518	258601	441917	547417	220860	326557	342685	159206	11441	60255	71254	182850
2018.12	2109164	1775226	1764398	716038	267215	448824	562976	236190	326786	325585	159798	10828	65433	73208	195297
2019.03	2188083	1838227	1826924	776654	275339	501315	565751	226505	339246	334297	150222	11303	68790	74942	206124
2019.06	2232785	1875680	1864210	784172	277699	506473	580837	236266	344571	350642	148559	11470	72815	72581	211709
2019.09	2278779	1907341	1895803	801298	286136	515162	577652	226300	351353	355732	161121	11538	76972	74130	220336
2019.12	2317003	1928785	1917482	813017	294712	518305	595365	242504	352861	337671	171429	11304	82924	77189	228104
2020.03	2414753	2009933	1996413	877723	307747	569976	613040	235863	377178	336899	168750	13520	86990	83022	234809
2020.06	2483853	2074780	2062018	896318	310920	585398	647213	245030	402183	353470	165017	12763	90553	79459	239061
2020.09	2537816	2110774	2098143	912537	316730	595807	649315	238178	411138	359062	177228	12632	99393	82371	245278
2020.12	2574701	2125721	2112783	925986	326763	599223	660180	253616	406564	343509	183108	12938	106117	84315	258549
2021.03	2665192	2209233	2195743	992778	337787	654991	661693	242635	419057	346085	195188	13490	108401	86544	261014
2021.06	2722896	2266173	2251826	1000474	336356	664119	681665	250928	430736	364385	205302	14347	110923	84347	261453
2021.09	2779704	2291808	2277479	1010914	335834	675080	679289	241672	437617	372056	215220	14329	117573	86867	283455
2021.12	2831289	2322500	2307172	1025012	342904	682108	696695	255117	441578	361919	223546	15329	122954	90825	295010
2022.03	2935093	2430956	2416660	1103202	351188	752014	709618	249725	459892	373719	230122	14296	124208	95142	284787
2022.06	3016585	2510547	2494873	1128280	355958	772322	748704	261328	487376	383998	233891	15674	124627	96011	285400
2022.09	3072110	2550054	2532295	1157130	361207	795923	755441	254772	500669	384958	234766	17759	133344	98672	290040
2022.12	3121815	2584998	2568007	1203387	383900	819487	746574	254651	491923	379827	238219	16991	126587	104706	305523

注 1：本表机构包括中国人民银行、银行业存款类金融机构、银行业非存款类金融机构。

Note 1: Financial institutions in this table include the PBC, banking depository financial institutions and banking non-depository financial institutions.

注 2：银行业存款类金融机构包括银行、信用社和财务公司。银行业非存款类金融机构包括信托投资公司、金融租赁公司、汽车金融公司和贷款公司等。

Note 2: Banking depository financial institutions include banks, credit cooperatives and finance companies. Banking non-depository financial institutions include financial trust and investment corporations, financial leasing companies, auto-financing companies, as well as loan companies.

注 3：自 2015 年起，各项存款含非银行业金融机构存放款项，各项贷款含拆放给非银行业金融机构款项。

Note 3: Since 2015, deposits of non-banking financial institutions have been covered in total deposits and loans to non-banking financial institutions are covered in total loans.

注 4：自 2017 年起，对国际金融组织相关本币账户以净头寸反映。

Note 4: Since 2017, RMB accounts with international financial organiztions have been calculated on a net basis.

注 5：2021 年 8 月，由于 IMF 进行 SDR 分配，我国 SDR 持有量增加，按 8 月末 SDR 兑人民币汇率折合人民币 2679 亿元，计入 8 月末“在国际金融机构资产”科目。

Note 5: The increase of SDR holdings was due to the general SDR allocation conducted by the IMF in August 2021, which amounts to 267.9 billion yuan based on the latest SDR exchange rate. The increased amount is recorded in the “ Assets with International Financial Institutions” account.

注 6：自 2022 年 12 月起，“流通中货币”含流通中数字人民币。12 月末，流通中数字人民币余额为 136.1 亿元。

Note 6: Since December 2022, “e-CNY in Circulation” has been covered in Currency in Circulation.The amount of e-CNY in Circulation at end December 2022 is RMB 13.61 billion yuan.

2.5.4 金融机构信贷收支表（人民币）
Sources and Uses of Credit Funds of Financial Institutions (RMB)

单位：亿元
Unit:100 Million Yuan

时间 Time	资金运用总计 Total Funds Uses	各项贷款 Total Loans	境内贷款 Domestic Loans	住户贷款 Loans to Households	企（事）业单位贷款 Loans to Non-financial Enterprises and Government Departments & Organizations	非银行业金融机构贷款 Loans to Non-banking Financial Institutions	境外贷款 Overseas Loans	债券投资 Portfolio Investments	股权及其他投资 Shares and Other Investments	黄金占款 Position for Bullion Purchase	中央银行外汇占款 Foreign Exchange	其他资产 Other Assets
2015	1586049	939540	936387	270214	657633	8539	3153	197636	134326	2293	265859	46395
2016	1759952	1066040	1061667	333615	718521	9532	4373	247604	220820	2542	219425	3521
2017	1931934	1201321	1196900	405045	785496	6359	4421	294382	217589	2541	214788	1313
2018.03	1982829	1249814	1245104	422733	816154	6217	4710	290080	224151	2541	214952	1290
2018.06	2024395	1291534	1286781	441217	836871	8692	4753	303205	210536	2541	215194	1386
2018.09	2075626	1332663	1327637	462053	856352	9232	5025	325869	199035	2541	214084	1433
2018.12	2109164	1362967	1357891	478843	868289	10760	5075	333467	196190	2570	212557	1414
2019.03	2188083	1421057	1415914	496985	913048	5881	5143	348157	202286	2664	212537	1382
2019.06	2232785	1459691	1454547	516449	930903	7195	5145	360177	196276	2782	212455	1403
2019.09	2278779	1499247	1494009	535666	950424	7919	5238	375447	187411	2856	212354	1464
2019.12	2317003	1531123	1525755	553191	962737	9827	5368	385520	183730	2856	212317	1457
2020.03	2414753	1602089	1596506	565264	1023144	8098	5583	399723	196563	2856	212079	1443
2020.06	2483853	1651999	1646223	588751	1050420	7052	5776	421066	194653	2856	211742	1538
2020.09	2537816	1693665	1687886	614431	1068347	5107	5780	441305	186862	2856	211625	1503
2020.12	2574701	1727452	1721356	631847	1084388	5121	6096	450125	181428	2856	211308	1532
2021.03	2665192	1804131	1798384	657467	1137878	3039	5747	458200	186960	2856	211553	1492
2021.06	2722896	1854977	1848944	677623	1168032	3290	6032	468368	183094	2856	212130	1472
2021.09	2779704	1894591	1887963	695298	1189163	3503	6628	483805	182139	2856	212146	4167
2021.12	2831289	1926903	1919855	711043	1204537	4275	7048	503154	181387	2856	212867	4123
2022.03	2935093	2010111	2002913	723597	1275123	4194	7197	523043	181494	2856	213495	4095
2022.06	3016585	2063512	2055499	732838	1318283	4378	8013	550647	182182	2856	213187	4201
2022.09	3072110	2107582	2098727	745143	1349085	4499	8855	555961	188241	2856	213127	4344
2022.12	3121815	2139853	2130060	749323	1375208	5529	9792	572977	186779	3107	214712	4387

2.6 1 存款性公司概览（资产）
Depository Corporations Survey (Assets)

单位：亿元
Unit: 100 Million Yuan

时间 Time	国外净资产 Net Foreign Assets	国内信贷 Domestic Credit	对政府债权（净） Claims on Government (Net)
2015	280639	1332693	98297
2016	263948	1600067	162352
2017.03	260793	1650629	166269
2017.06	255508	1701411	176481
2017.09	254785	1740947	190194
2017.12	253287	1780278	204892
2018.03	255448	1841753	214981
2018.06	257147	1873240	220423
2018.09	256694	1927674	238970
2018.12	255736	1965451	251378
2019.03	260083	2039204	260601
2019.06	261731	2074943	266279
2019.09	262994	2124548	276851
2019.12	264599	2172833	290116
2020.03	262342	2288672	305249
2020.06	266549	2351762	314981
2020.09	269648	2406931	331231
2020.12	269522	2440005	340194
2021.03	275772	2531453	347672
2021.06	279923	2576105	350478
2021.09	284820	2619075	364323
2021.12	282995	2673428	385172
2022.03	287887	2783504	402073
2022.06	290159	2858346	426828
2022.09	288208	2915491	435025
2022.12	289130	2949486	449861

2.6 1 存款性公司概览（资产）
Depository Corporations Survey (Assets)

单位：亿元
Unit: 100 Million Yuan

时间 Time	对非金融部门债权 Claims on Non-financial Corporations	对其他金融部门债权 Claims on Other Financial Corporations
2015	1051160	183236
2016	1166093	271623
2017.03	1200190	284170
2017.06	1234070	290859
2017.09	1265935	284818
2017.12	1288783	286603
2018.03	1338831	287941
2018.06	1373058	279760
2018.09	1423655	265050
2018.12	1450737	263336
2019.03	1514311	264292
2019.06	1550378	258286
2019.09	1601534	246163
2019.12	1631601	251116
2020.03	1718473	264950
2020.06	1774685	262096
2020.09	1825816	249884
2020.12	1853490	246321
2021.03	1932317	251465
2021.06	1973570	252057
2021.09	2009069	245683
2021.12	2037223	251033
2022.03	2122343	259088
2022.06	2171091	260427
2022.09	2220784	259683
2022.12	2243282	256343

2.6 2 存款性公司概览（负债）
Depository Corporations Survey (Liabilities)

单位：亿元
Unit: 100 Million Yuan

时间 Time	货币和准货币 Money and Quasi-money	货币 Money	流通中货币 Currency in Circulation	单位活期存款 Corporate Demand Deposits	准货币 Quasi-money	单位定期存款 Corporate Time Deposits	个人存款 Personal Deposits	其他存款 Other Deposits
2015	1392278	400953	63217	337737	991325	288241	552073	151011
2016	1550067	486557	68304	418253	1063509	307990	603504	152016
2017.03	1599610	488770	68605	420165	1110839	317183	643278	150378
2017.06	1631283	510228	66978	443250	1121054	317003	642932	161119
2017.09	1655662	517863	69749	448114	1137799	326614	648350	162835
2017.12	1676769	543790	70646	473145	1132978	320196	649341	163441
2018.03	1739859	523540	72693	450847	1216319	332606	692564	191150
2018.06	1770178	543945	69589	474355	1226234	334425	692441	199368
2018.09	1801666	538574	71254	467320	1263091	349827	706256	207008
2018.12	1826744	551686	73208	478478	1275058	340179	721689	213191
2019.03	1889412	547576	74942	472634	1341837	359015	782606	200215
2019.06	1921360	567696	72581	495115	1353664	362163	790201	201300
2019.09	1952250	557138	74130	483008	1395113	374318	807437	213357
2019.12	1986489	576009	77189	498820	1410480	363486	819162	227832
2020.03	2080923	575050	83022	492028	1505873	390275	884279	231319
2020.06	2134949	604318	79459	524859	1530631	399040	903188	228403
2020.09	2164085	602312	82371	519941	1561773	407659	919507	234606
2020.12	2186796	625581	84315	541266	1561215	383837	932966	244411
2021.03	2276488	616113	86544	529570	1660375	401307	1000039	259030
2021.06	2317788	637479	84347	553132	1680309	403886	1007903	268520
2021.09	2342830	624646	86867	537779	1718184	419570	1018366	280249
2021.12	2382900	647443	90825	556618	1735456	412952	1032441	290063
2022.03	2497688	645064	95142	549922	1852625	440627	1110997	301000
2022.06	2581451	674375	96011	578364	1907076	457184	1136280	313612
2022.09	2626601	664535	98672	565863	1962066	477618	1165283	319165
2022.12	2664321	671675	104706	566969	1992646	462002	1211693	318952

注：自2022年12月起，“流通中货币”含流通中数字人民币。12月末，流通中数字人民币余额为136.1亿元。
Note: Since December 2022, "e-CNY in Circulation" has been covered in Currency in Circulation. The amount of e-CNY in Circulation at end December 2022 is RMB 13.61 billion yuan.

2.6 2 存款性公司概览（负债）
Depository Corporations Survey (Liabilities)

单位：亿元
Unit: 100 Million Yuan

时间 Time	不纳入广义货币的存款 Deposits Excluded from Broad Money	债券 Bonds	实收资本 Paid-in Capital	其他（净） Other Items (Net)
2015	36440	160004	43214	-18604
2016	44874	201111	47167	20796
2017.03	48588	213157	47799	2269
2017.06	49139	218172	48377	9948
2017.09	46694	223472	49563	20341
2017.12	47043	225877	52048	31828
2018.03	48088	230069	52128	27057
2018.06	47685	236917	53052	22554
2018.09	46714	242696	53578	39715
2018.12	45211	255388	54432	39412
2019.03	46939	263847	55041	44047
2019.06	47448	268946	57368	41552
2019.09	46835	272586	61934	53935
2019.12	48195	280399	64796	57555
2020.03	49280	282406	66431	71973
2020.06	50241	289588	68419	75114
2020.09	52850	307572	70797	81275
2020.12	53519	312180	73566	83465
2021.03	58157	320736	73826	78017
2021.06	61084	326374	76806	73976
2021.09	59709	338569	78478	84309
2021.12	59379	350552	81428	82165
2022.03	62341	361133	82354	67875
2022.06	62021	368803	83541	52689
2022.09	58980	377861	84261	55997
2022.12	56101	382522	84736	50936

2.7 1 货币当局资产负债表（资产）
Balance Sheet of Monetary Authority (Assets)

单位：亿元
Unit: 100 Million Yuan

时间 Time	国外资产 Foreign Assets	外汇 Foreign Exchange	货币黄金 Monetary Gold	其他国外资产 Other Foreign Assets	对政府债权 Claims on Government
2015	253831	248538	2330	2964	15313
2016	229796	219425	2541	7829	15274
2017.03	224290	216210	2541	5539	15274
2017.06	223008	215153	2541	5313	15274
2017.09	222589	215107	2541	4941	15274
2017.12	221164	214788	2541	3834	15274
2018.03	220278	214952	2541	2784	15274
2018.06	220183	215194	2541	2448	15274
2018.09	218811	214084	2541	2185	15274
2018.12	217648	212557	2570	2522	15250
2019.03	218110	212537	2664	2909	15250
2019.06	218522	212455	2782	3285	15250
2019.09	218768	212354	2856	3558	15250
2019.12	218639	212317	2856	3466	15250
2020.03	218316	212079	2856	3381	15250
2020.06	218333	211742	2856	3734	15250
2020.09	218213	211625	2856	3732	15250
2020.12	218040	211308	2856	3876	15250
2021.03	219214	211553	2856	4805	15250
2021.06	220506	212130	2856	5520	15250
2021.09	223230	212146	2856	8229	15250
2021.12	225103	212867	2856	9380	15241
2022.03	226202	213495	2856	9852	15241
2022.06	225366	213187	2856	9323	15241
2022.09	224440	213127	2856	8457	15241
2022.12	226907	214712	3107	9088	15241

注：2021 年 8 月，由于 IMF 进行 SDR 分配，我国 SDR 持有量增加，按 8 月末 SDR 兑人民币汇率折合人民币 2679 亿元，计入 8 月末“其他国外资产”科目。

Note: The increase of SDR holdings was due to the general SDR allocation conducted by the IMF in August 2021, which amounts to 267.9 billion yuan based on the latest SDR exchange rate. The increased amount is recorded in the “Other Foreign Assets” account.

2.7 1 货币当局资产负债表（资产）
Balance Sheet of Monetary Authority (Assets)

单位：亿元
Unit: 100 Million Yuan

时间 Time	对其他存款性公司债权 Claims on Other Depository Corporations	对其他金融性公司债权 Claims on Other Financial Corporations	对非金融性公司债权 Claims on Non-financial Corporations	其他资产 Other Assets	总资产 Total Assets
2015	26626	6657	72	15339	317837
2016	84739	6324	81	7497	343712
2017.03	80711	6316	117	10644	337354
2017.06	85907	6318	97	14422	345026
2017.09	89149	6318	95	16571	349997
2017.12	102230	5987	102	18174	362932
2018.03	99902	5950	36	18169	359608
2018.06	103424	5948	54	17819	362702
2018.09	109333	5957	45	16810	366230
2018.12	111517	4643	28	23406	372492
2019.03	93668	4709	27	16790	348553
2019.06	101860	4842	0	23121	363595
2019.09	106775	5168	0	16007	361967
2019.12	117749	4623	0	14869	371130
2020.03	113014	4735	0	14059	365375
2020.06	111619	4747	0	13982	363931
2020.09	123620	4742	0	12903	374728
2020.12	133355	4447	0	16583	387676
2021.03	124657	4427	0	19224	382773
2021.06	130900	4354	0	18886	389897
2021.09	132450	4149	0	16894	391974
2021.12	128645	4125	0	22588	395702
2022.03	129349	4118	0	23816	398726
2022.06	126805	1744	0	23399	392555
2022.09	128811	1755	0	27156	397402
2022.12	143132	1557	0	29947	416784

2.7 2 货币当局资产负债表（负债）
Balance Sheet of Monetary Authority (Liabilities)

单位：亿元
Unit: 100 Million Yuan

时间 Time	储备货币 Reserve Money	货币发行 Currency Issue	金融性公司存款 Deposits of Financial Corporations	其他存款性公司存款 Deposits of Other Depository Corporations	其他金融性公司存款 Deposits of Other Financial Corporations	非金融性公司存款 Deposits of Non-financial Corporations	不计入储备货币的金融性公司存款 Deposits of Financial Corporations Not Included in Reserve Money
2015	276377	69886	206492	206492	—	0.0	2826
2016	308980	74884	234095	234095	—	0.0	6485
2017.03	302387	75247	227141	227141	—	0.0	7744
2017.06	303772	73269	229662	229662	—	841	7597
2017.09	306044	76626	228516	228516	—	901	6047
2017.12	321871	77074	243802	243802	—	995	5019
2018.03	321350	79453	238740	238740	—	3158	4168
2018.06	318471	75658	237805	237805	—	5008	3746
2018.09	317918	78117	231051	231051	—	8750	3549
2018.12	330957	79146	235511	235511	—	16300	4016
2019.03	303711	81311	209648	209648	—	12752	4693
2019.06	313086	78237	221817	221817	—	13032	4237
2019.09	305882	80218	212230	212230	—	13435	4775
2019.12	324175	82859	226024	226024	—	15292	4574
2020.03	317807	90751	212681	212681	—	14375	5016
2020.06	308339	85413	207203	207203	—	15723	4750
2020.09	315643	88063	209650	209650	—	17929	5293
2020.12	330428	89823	222906	222906	—	17699	4882
2021.03	326956	92459	216683	216683	—	17814	4948
2021.06	324494	89614	216321	216321	—	18559	5719
2021.09	324341	92427	212047	212047	—	19867	5193
2021.12	329487	96165	212393	212393	—	20930	6053
2022.03	335458	100738	215232	215232	—	19489	7090
2022.06	334252	101229	212469	212469	—	20554	6441
2022.09	341832	104051	216254	216254	—	21527	5316
2022.12	360956	110013	227877	227877	—	23067	5208

注：自 2022 年 12 月起，“货币发行”含流通中数字人民币。12 月末，流通中数字人民币余额为 136.1 亿元。
Note : Since December 2022, “e-CNY in Circulation” has been covered in Currency Issue. The amount of e-CNY in Circulation at end December 2022 is RMB 13.61 billion yuan.

2.7 2 货币当局资产负债表（负债）
Balance Sheet of Monetary Authority (Liabilities)

单位：亿元
Unit: 100 Million Yuan

时间 Time	债券发行 Bonds Issue	国外负债 Foreign Liabilities	政府存款 Government Deposits	自有资金 Self-owned Capital	其他负债 Other Liabilities	总负债 Total Liabilities
2015	6572	1807	27179	220	2855	317837
2016	500	3195	25063	220	-731	343712
2017.03	500	1099	24026	220	1378	337354
2017.06	0	1599	28113	220	3725	345026
2017.09	0	1025	31095	220	5565	349997
2017.12	0	880	28626	220	6316	362932
2018.03	0	929	26374	220	6567	359608
2018.06	0	1118	32041	220	7106	362702
2018.09	0	2050	34795	220	7698	366230
2018.12	200	1165	28225	220	7710	372492
2019.03	315	819	31407	220	7387	348553
2019.06	740	904	35683	220	8727	363595
2019.09	940	1106	38527	220	10517	361967
2019.12	1020	842	32415	220	7884	371130
2020.03	985	1896	30775	220	8675	365375
2020.06	950	1198	38253	220	10222	363931
2020.09	950	1081	39774	220	11767	374728
2020.12	900	930	38682	220	11635	387676
2021.03	900	1039	36719	220	11991	382773
2021.06	900	942	45666	220	11955	389897
2021.09	950	1358	46143	220	13769	391974
2021.12	950	998	42932	220	15062	395702
2022.03	950	1188	42003	220	11817	398726
2022.06	950	1313	45748	220	3631	392555
2022.09	950	1466	43738	220	3881	397402
2022.12	950	1574	41273	220	6602	416784

2.8 1 其他存款性公司资产负债表（资产）
Balance Sheet of Other Depository Corporations (Assets)

单位：亿元
Unit: 100 Million Yuan

时间 Time	国外资产 Foreign Assets	储备资产 Reserve Assets	准备金存款 Deposits with Central Bank	库存现金 Cash in Vault	对政府债权 Claims on Government	对中央银行债权 Claims on Central Bank
2015	41595	219330	212661	6669	110163	6229
2016	50020	246447	239867	6581	172140	525
2017.03	52879	239252	232611	6642	175020	522
2017.06	52266	243285	236994	6291	189320	3
2017.09	53361	242297	235419	6878	206015	3
2017.12	53482	256108	249680	6428	218244	0
2018.03	55833	244963	238203	6760	226081	0
2018.06	57795	244261	238193	6068	237190	0
2018.09	59782	238907	232044	6863	258491	0
2018.12	60146	243161	237224	5937	264353	0
2019.03	61768	223796	217427	6369	276758	0
2019.06	62600	236259	230603	5656	286711	0
2019.09	64271	225915	219827	6088	300128	0
2019.12	63618	236958	231289	5670	307281	0
2020.03	64484	224365	216637	7729	320774	0
2020.06	67184	217385	211431	5954	337984	0
2020.09	69991	219441	213749	5693	355755	6
2020.12	69051	232331	226822	5509	363625	6
2021.03	73277	226614	220698	5916	369141	6
2021.06	75390	226403	221136	5267	380894	6
2021.09	77155	221623	216063	5560	395217	33
2021.12	73886	222500	217161	5340	412863	21
2022.03	75977	226193	220597	5596	428835	26
2022.06	79493	222109	216891	5218	457335	95
2022.09	80499	225101	219722	5379	463522	158
2022.12	78345	236791	231484	5307	475893	133

注：自 2008 年起，本表项目中原“央行债券”更名为“对中央银行债权”。
Note: Since 2008, the item of “Central Bank Bonds” has been renamed as “Claims on Central Bank”.

2.8 1 其他存款性公司资产负债表（资产）
Balance Sheet of Other Depository Corporations (Assets)

单位：亿元
Unit: 100 Million Yuan

时间 Time	对其他存款性公司债权 * Claims on Other Depository Corporations*	对其他金融性公司债权 * Claims on Other Financial Corporations*	对非金融性公司债权 Claims on Non-financial Corporations	对其他居民部门债权 Claims on Other Resident Sectors	其他资产 Other Assets	总资产 Total Assets
2015	314186	176579	783762	267326	72385	1991556
2016	315878	265299	836468	329544	87435	2303756
2017.03	311845	277853	852222	347851	103578	2361022
2017.06	296902	284541	866964	367009	103915	2404204
2017.09	292933	278500	879635	386205	102809	2441757
2017.12	296043	280617	889011	399669	104049	2497224
2018.03	283167	281991	921705	417091	101406	2532235
2018.06	282345	273812	937323	435680	101298	2569704
2018.09	280218	259093	967287	456323	100214	2620314
2018.12	287239	258694	977946	472762	103033	2667335
2019.03	294876	259583	1023575	490709	109325	2740389
2019.06	295166	253445	1040312	510066	109708	2794267
2019.09	290077	240995	1072307	529227	110959	2833878
2019.12	296766	246493	1085250	546351	110002	2892720
2020.03	304461	260215	1159863	558610	115285	3008058
2020.06	307126	257349	1192615	582070	121669	3083380
2020.09	311281	245142	1218411	607406	121551	3148983
2020.12	309123	241873	1229057	624433	120490	3189989
2021.03	312619	247037	1282427	649889	124430	3285440
2021.06	313685	247702	1303663	669907	128370	3346020
2021.09	309123	241534	1321354	687715	126717	3380470
2021.12	311830	246908	1333789	703434	125164	3430395
2022.03	320805	254970	1406256	716087	131367	3560516
2022.06	332538	258683	1445571	725520	133306	3654652
2022.09	333637	257928	1482875	737909	135829	3717456
2022.12	350308	254786	1501257	742025	126756	3766294

* 自 2005 年起，本表采用其他存款性公司和其他金融性公司分类，其机构范围详见第 94 页 [注 1]。2005 年之前，存款货币银行和特定存款机构加总的数据可以替代其他存款性公司数据，其他金融机构的数据可以替代其他金融性公司数据。

* For this sheet, new classification has been adopted since 2005. Please refer to the note 1 on page 94 for the particular institution coverage of other depository corporations and other financial corporations. To keep comparability, the data of other depository corporations before 2005 could be approximately substituted by the aggregation of deposit money banks and specific monetary institutions. Similarly, data of other financial corporations could be substituted by data of other financial institutions before 2005.

2.8 2 其他存款性公司资产负债表（负债）
Balance Sheet of Other Depository Corporations (Liabilities)

单位：亿元
Unit: 100 Million Yuan

时间 Time	对非金融机构及住户负债 Liabilities to Non-financial Institutions & Households	纳入广义货币的存款 Deposits Included in Broad Money	企业活期存款 Demand Deposits of Enterprises	企业定期存款 Time Deposits of Enterprises	居民储蓄存款 Household Savings Deposits	不纳入广义货币的存款 Deposits Excluded from Broad Money	可转让存款 Transferable Deposits	其他存款 Other Deposits	其他负债 Other Liabilities	对中央银行负债 Liabilities to Central Bank
2015	1249743	1178051	337737	288241	552073	36440	10806	25634	35252	33638
2016	1420679	1329747	418253	307990	603504	44874	14028	30846	46057	87880
2017.03	1469485	1380627	420165	317183	643278	48588	13977	34611	40271	83858
2017.06	1491234	1403185	443250	317003	642932	49139	14683	34456	38910	90884
2017.09	1511037	1423079	448114	326614	648350	46694	13811	32883	41265	93245
2017.12	1531979	1442682	473145	320196	649341	47043	15267	31777	42253	105470
2018.03	1573169	1476017	450847	332606	692564	48088	15643	32445	49064	95168
2018.06	1591690	1501221	474355	334425	692441	47685	15029	32656	42784	94315
2018.09	1624130	1523403	467320	349827	706256	46714	14652	32062	54013	99762
2018.12	1641201	1540345	478478	340179	721689	45211	15356	29856	55644	104475
2019.03	1716456	1614256	472634	359015	782606	46939	15018	31921	55262	99705
2019.06	1749287	1647479	495115	362163	790201	47448	14927	32521	54360	108057
2019.09	1778065	1664764	483008	374318	807437	46835	14019	32816	66466	90790
2019.12	1798147	1681468	498820	363486	819162	48195	15660	32534	68485	98826
2020.03	1885969	1766582	492028	390275	884279	49280	15202	34077	70107	109648
2020.06	1948426	1827086	524859	399040	903188	50241	16799	33442	71099	112609
2020.09	1976995	1847108	519941	407659	919507	52850	19162	33688	77037	119563
2020.12	1987799	1858070	541266	383837	932966	53519	21942	31577	76210	129521
2021.03	2057725	1930915	529570	401307	1000039	58157	22773	35385	68653	121882
2021.06	2088783	1964922	553132	403886	1007903	61084	25076	36008	62777	121963
2021.09	2092410	1975714	537779	419570	1018366	59709	24573	35136	56987	122911
2021.12	2116899	2002011	556618	412952	1032441	59379	26309	33069	55509	118576
2022.03	2215577	2101546	549922	440627	1110997	62341	26320	36021	51690	121211
2022.06	2282192	2171828	578364	457184	1136280	62021	25906	36115	48343	117755
2022.09	2319147	2208764	565863	477618	1165283	58980	22646	36334	51403	120055
2022.12	2340881	2240663	566969	462002	1211693	56101	23349	32751	44117	134996

2.8 2 其他存款性公司资产负债表（负债）
Balance Sheet of Other Depository Corporations (Liabilities)

单位：亿元
Unit: 100 Million Yuan

时间 Time	对其他存款性公司负债* Liabilities to Other Depository Corporations*	对其他金融性公司负债* Liabilities to Other Financial Corporations*	计入广义货币的存款 Deposits Included in Broad Money	国外负债 Foreign Liabilities	债券发行 Bonds Issue	实收资本 Paid-in Capital	其他负债 Other Liabilities	总负债 Total Liabilities
2015	131306	155915	151011	12978	160004	42995	204978	1991556
2016	144837	157275	152016	12673	201111	46947	232355	2303756
2017.03	133600	154081	150378	15277	213157	47579	243985	2361022
2017.06	122165	163227	160279	18167	218172	48158	252199	2404204
2017.09	119270	166742	161934	20140	223472	49343	258509	2441757
2017.12	126116	168351	162446	20479	225877	51828	267124	2497224
2018.03	112176	179403	175839	19734	230069	51908	270608	2532235
2018.06	110739	184890	181610	19714	236917	52832	278607	2569704
2018.09	107848	182569	177897	19849	242696	53358	290103	2620314
2018.12	108916	184311	179375	20894	255388	54213	297939	2667335
2019.03	108129	172181	168963	18975	263847	54821	306274	2740389
2019.06	107772	171809	168314	18487	268946	57149	312761	2794267
2019.09	106142	186008	181042	18940	272586	61714	319633	2833878
2019.12	114185	198935	193524	16816	280399	64576	320835	2892720
2020.03	118731	195538	191193	18562	282406	66211	330992	3008058
2020.06	116114	192416	188017	17769	289588	68199	338258	3083380
2020.09	110278	204215	199085	17475	307572	70577	342309	3148983
2020.12	115916	209083	205279	16639	312180	73346	345504	3189989
2021.03	115872	223191	218830	15680	320736	73606	356748	3285440
2021.06	114713	233337	228851	15030	326374	76587	369233	3346020
2021.09	110802	244093	239134	14208	338569	78258	379219	3380470
2021.12	112652	253974	249744	14996	350552	81208	381539	3430395
2022.03	112057	260309	256854	13104	361133	82134	394989	3560516
2022.06	120315	266918	263581	13387	368803	83321	401960	3654652
2022.09	119575	269451	266135	15265	377861	84041	412062	3717456
2022.12	122637	274424	270433	14547	382522	84516	411770	3766294

* 见第 29 页脚注。
* See footnote on page 29.

2.9 1 中资大型银行资产负债表（资产）
Balance Sheet of Large-sized Domestic Banks (Assets)

单位：亿元
Unit: 100 Million Yuan

时间 Time	国外资产 Foreign Assets	储备资产 Reserve Assets			对政府债权 Claims on Government	对中央银行债权 Claims on Central Bank
			准备金存款 Deposits with Central Bank	库存现金 Cash in Vault		
2015	24885	111191	107457	3734	70540	5908
2016	28224	126354	122710	3643	110144	500
2017.03	30284	127992	124346	3646	112832	500
2017.06	29270	128580	125140	3439	122519	0
2017.09	29761	128481	124607	3873	132967	0
2017.12	29052	130449	126967	3482	140119	0
2018.03	30976	127903	124291	3613	145469	0
2018.06	31919	126423	123221	3202	153150	0
2018.09	32888	124009	120343	3666	165963	0
2018.12	32428	117999	114844	3155	169057	0
2019.03	33608	114264	111007	3256	176290	0
2019.06	34433	121144	118292	2853	181812	0
2019.09	34651	116632	113529	3103	187999	0
2019.12	33061	115340	112447	2893	190308	0
2020.03	33157	116895	112899	3996	197850	0
2020.06	33900	108890	105948	2942	205992	0
2020.09	36751	110310	107597	2713	217284	0
2020.12	35302	113840	111177	2662	217999	0
2021.03	38552	116028	113195	2833	221001	0
2021.06	39671	112432	109933	2500	225517	0
2021.09	39999	112901	110228	2673	233130	4
2021.12	38780	106488	103875	2614	241697	2
2022.03	39255	116847	114165	2683	250405	6
2022.06	41384	113573	111031	2542	267637	59
2022.09	41692	117563	115038	2525	267487	78
2022.12	40565	120858	118318	2540	272866	72

2.9 1 中资大型银行资产负债表（资产）
Balance Sheet of Large-sized Domestic Banks (Assets)

单位：亿元
Unit: 100 Million Yuan

时间 Time	对其他存款性公司债权 Claims on Other Depository Corporations	对其他金融性公司债权 Claims on Other Financial Corporations	对非金融性公司债权 Claims on Non-financial Corporations	对其他居民部门债权 Claims on Other Resident Sectors	其他资产 Other Assets	总资产 Total Assets
2015	131167	47455	416235	142373	38640	988393
2016	116795	57489	442330	174812	46962	1103610
2017.03	115450	61777	443513	183580	54725	1130653
2017.06	111009	68994	447919	192271	53320	1153881
2017.09	106320	65083	452121	201112	51925	1167769
2017.12	105575	64262	453332	207600	51792	1182180
2018.03	107667	64343	465839	215652	47520	1205369
2018.06	105551	63250	467388	223673	46551	1217907
2018.09	104842	62199	483710	231687	45130	1250428
2018.12	103994	62477	486979	237933	44609	1255477
2019.03	110879	60248	507840	246082	51284	1300495
2019.06	106288	58906	511601	254095	51199	1319477
2019.09	104356	56649	530200	261743	52360	1344591
2019.12	108628	59675	531981	269474	49340	1357807
2020.03	114137	68377	568502	277069	52509	1428496
2020.06	114633	66055	581121	288410	56805	1455807
2020.09	112655	62433	595056	298864	57135	1490488
2020.12	108597	60305	594803	305838	54584	1491269
2021.03	109861	65430	616788	317211	56691	1541561
2021.06	109094	64032	625546	326165	58969	1561427
2021.09	105570	57688	631829	334406	55829	1571356
2021.12	102091	57670	636358	343247	54415	1580749
2022.03	106299	63433	671888	350928	57871	1656934
2022.06	113497	65648	693459	354558	58847	1708662
2022.09	118385	67127	716901	358966	57980	1746180
2022.12	121434	65105	726698	359977	52033	1759608

2.9 2 中资大型银行资产负债表（负债）
Balance Sheet of Large-sized Domestic Banks (Liabilities)

单位：亿元
Unit:100 Million Yuan

时间 Time	对非金融机构及住户负债 Liabilities to Non-financial Institutions & Households	纳入广义货币的存款 Deposits Included in Broad Money	企业活期存款 Demand Deposits of Enterprises	企业定期存款 Time Deposits of Enterprises	居民储蓄存款 Household Savings Deposits	不纳入广义货币的存款 Deposits Excluded from Broad Money	可转让存款 Transferable Deposits	其他存款 Other Deposits	其他负债 Other Liabilities	对中央银行负债 Liabilities to Central Bank
2015	661772	612007	169087	112676	330244	17738	5022	12716	32028	19560
2016	741532	676781	200971	116788	359023	23883	6599	17284	40868	45262
2017.03	775082	713050	206923	123359	382768	26305	6705	19600	35727	47086
2017.06	778931	719281	216727	123863	378690	25597	6752	18845	34053	50588
2017.09	790054	731060	220267	127755	383038	24160	6596	17564	34834	51259
2017.12	784171	726114	224714	121510	379890	23798	7025	16773	34260	56824
2018.03	819739	755247	222198	128336	404713	24837	7393	17444	39655	51008
2018.06	821638	762374	234997	127376	400002	24569	6924	17645	34695	48232
2018.09	838797	770529	231897	130761	407871	23787	7050	16737	44481	50343
2018.12	835134	766507	229781	124589	412136	22554	7125	15429	46073	51163
2019.03	881378	810464	235333	129918	445213	24741	7335	17406	46173	49225
2019.06	886185	816431	243249	128648	444534	24537	7107	17431	45217	52089
2019.09	902169	823408	237396	133663	452350	23911	6689	17223	54850	43931
2019.12	899124	817776	235743	128904	453128	24106	7167	16939	57242	46898
2020.03	953872	866581	240939	137020	488622	24952	7326	17626	62339	52966
2020.06	978032	887989	252208	140540	495242	26041	7786	18255	64002	54723
2020.09	998826	902286	249626	149070	503591	27492	8979	18513	69047	56597
2020.12	985192	892571	250190	136502	505879	26450	9545	16905	66170	57687
2021.03	1033146	941784	252271	146381	543132	30583	10448	20134	60779	55854
2021.06	1037327	950122	262289	144222	543611	31659	11720	19940	55546	54748
2021.09	1035408	954617	253917	152551	548149	30223	11567	18656	50568	52334
2021.12	1031363	953759	255376	147690	550693	29465	12180	17284	48139	51413
2022.03	1091074	1014587	258063	163714	592811	31482	12835	18647	45005	53556
2022.06	1114420	1041337	269375	169891	602071	31751	12131	19620	41332	54353
2022.09	1137645	1065573	267545	178912	619116	31653	11177	20477	40419	54875
2022.12	1138269	1071964	264619	169730	637616	30655	11471	19184	35649	64237

注：“中资大型银行资产负债表”机构范围见第 96 页 [注 2]。
Note: Please refer to note 2 on page 96 for the information of institutional coverage of the “Balance Sheet of Large-sized Domestic Banks”.

2.9 2 中资大型银行资产负债表（负债）
Balance Sheet of Large-sized Domestic Banks (Liabilities)

单位：亿元
Unit:100 Million Yuan

时间 Time	对其他存款性公司负债 Liabilities to Other Depository Corporations	对其他金融性公司负债 Liabilities to Other Financial Corporations	计入广义货币的存款 Deposits Included in Broad Money	国外负债 Foreign Liabilities	债券发行 Bonds Issue	实收资本 Paid-in Capital	其他负债 Other Liabilities	总负债 Total Liabilities
2015	30885	61407	60136	5467	80907	20437	107957	988393
2016	31388	54179	52952	5356	86962	20849	118082	1103610
2017.03	24265	47594	46554	6607	87826	20834	121360	1130653
2017.06	20786	61291	60282	7787	88502	20786	125208	1153881
2017.09	19166	60552	59616	8034	91349	21247	126108	1167769
2017.12	24752	60932	59851	8531	94777	21813	130380	1182180
2018.03	16624	65091	64139	7874	95876	21718	127440	1205369
2018.06	19243	70016	68846	7198	98570	22097	130911	1217907
2018.09	21047	72630	71479	7434	102213	22199	135764	1250428
2018.12	23530	69786	68494	8440	105420	22193	139810	1255477
2019.03	20706	65085	63673	6326	108965	22530	146279	1300495
2019.06	23624	66870	65435	6410	113085	23327	147886	1319477
2019.09	21879	74352	72823	7219	116591	26774	151675	1344591
2019.12	28760	76363	74667	5416	121340	26490	153416	1357807
2020.03	31747	79299	77595	5994	121255	27535	155827	1428496
2020.06	25903	75949	74477	6013	125545	28783	160859	1455807
2020.09	21163	80781	79325	6242	134117	29525	163236	1490488
2020.12	26920	82113	80652	6432	135748	29582	167594	1491269
2021.03	24841	84491	82877	6037	136685	29674	170833	1541561
2021.06	27550	88932	87313	5494	140780	31246	175351	1561427
2021.09	22643	96493	94814	5505	147610	31653	179711	1571356
2021.12	27985	95473	94020	5613	152936	32465	183501	1580749
2022.03	27708	100090	98802	5155	157566	33254	188531	1656934
2022.06	31551	112752	111280	5411	163441	33902	192833	1708662
2022.09	29961	117372	116045	6973	168994	34123	196238	1746180
2022.12	33765	115943	114483	5492	170029	34123	197752	1759608

2.10 1 中资中型银行资产负债表（资产）
Balance Sheet of Medium-sized Domestic Banks (Assets)

单位：亿元
Unit:100 Million Yuan

时间 Time	国外资产 Foreign Assets	储备资产 Reserve Assets			对政府债权 Claims on Government
			准备金存款 Deposits with Central Bank	库存现金 Cash in Vault	
2015	13433	41450	40821	629	21841
2016	18574	45696	45057	639	36915
2017.03	18931	42834	42274	560	36821
2017.06	19107	43041	42501	539	39499
2017.09	19678	41644	41104	540	43161
2017.12	20462	43565	42955	609	45819
2018.03	20982	40702	40136	566	47654
2018.06	21710	41466	40945	520	49752
2018.09	22703	39050	38529	521	53968
2018.12	23271	40680	40142	538	54925
2019.03	23766	36866	36318	548	57824
2019.06	23657	39869	39363	506	59972
2019.09	24963	37927	37417	509	62971
2019.12	25406	40481	39958	523	65121
2020.03	26464	35072	34417	654	66927
2020.06	27852	38061	37552	510	70352
2020.09	27409	37011	36534	477	72234
2020.12	27382	8412	37926	486	74433
2021.03	28277	38733	38255	479	74884
2021.06	28521	38539	38078	461	76312
2021.09	29796	35811	35358	453	78783
2021.12	27449	38121	37636	485	81749
2022.03	29162	36784	36327	457	82907
2022.06	30107	36761	36297	465	86420
2022.09	30502	35723	35262	461	88756
2022.12	29902	38405	37902	503	91843

2.10 1 中资中型银行资产负债表（资产）
Balance Sheet of Medium-sized Domestic Banks (Assets)

单位：亿元
Unit:100 Million Yuan

时间 Time	对中央银行债权 Claims on Central Bank	对其他存款性公司债权 Claims on Other Depository Corporations	对其他金融性公司债权 Claims on Other Financial Corporations	对非金融性公司债权 Claims on Non-financial Corporations	对其他居民部门债权 Claims on Other Resident Sectors	其他资产 Other Assets	总资产 Total Assets
2015	122	65521	71282	180137	55929	14033	463749
2016	0	63915	102137	193237	74314	15323	550112
2017.03	0	56400	103391	199442	79575	17201	554594
2017.06	0	50032	100934	203264	85072	17187	558136
2017.09	0	49179	93653	206845	90316	17670	562146
2017.12	0	45886	96630	210329	94119	18620	575429
2018.03	0	40316	99880	220714	97903	18738	586890
2018.06	0	41327	97733	227108	102998	19265	601359
2018.09	0	40270	87852	230936	109594	17806	602178
2018.12	0	43056	89388	231885	115302	20563	619068
2019.03	0	39878	89914	242419	119419	19350	629436
2019.06	0	42354	91389	246838	124971	20373	649423
2019.09	0	42024	84221	253745	129645	18972	654470
2019.12	0	41453	87301	259666	133930	19640	672999
2020.03	0	41503	92842	281922	134331	20587	699648
2020.06	0	40177	94402	290139	139356	20979	721317
2020.09	0	43510	90230	294600	146109	21196	732299
2020.12	0	41322	91604	298540	150881	21916	744489
2021.03	0	41622	92317	312817	155156	22683	766491
2021.06	0	43696	94209	315475	159040	23554	779346
2021.09	11	41815	92872	321370	163025	23351	786834
2021.12	6	43728	95177	322516	167095	23078	798920
2022.03	11	44391	95727	340616	167637	24135	821370
2022.06	23	42258	95917	348050	170100	24354	833991
2022.09	25	43579	92536	356651	172919	24315	845006
2022.12	7	49830	94530	360433	173929	22283	861161

2.10 2 中资中型银行资产负债表（负债）

Balance Sheet of Medium-sized Domestic Banks (Liabilities)

单位：亿元
Unit: 100 Million Yuan

时间 Time	对非金融机构及住户负债 Liabilities to Non-financial Institutions & Households	纳入广义货币的存款 Deposits Included in Broad Money	企业活期存款 Demand Deposits of Enterprises	企业定期存款 Time Deposits of Enterprises	居民储蓄存款 Household Savings Deposits	不纳入广义货币的存款 Deposits Excluded from Broad Money	可转让存款 Transferable Deposits	其他存款 Other Deposits	其他负债 Other Liabilities	对中央银行负债 Liabilities to Central Bank
2015	226091	211664	75061	90444	46159	13046	3342	9703	1381	10209
2016	252664	236600	98437	92885	45278	13738	4117	9621	2327	31769
2017.03	255611	239139	98378	93762	47000	14573	4193	10380	1898	28606
2017.06	262823	245375	102938	93879	48557	15417	4738	10678	2032	31813
2017.09	259105	242065	100493	95072	46500	14255	4126	10129	2785	33195
2017.12	264587	246848	106644	92988	47216	14377	4634	9743	3362	37760
2018.03	269820	250932	102441	97287	51204	15067	4938	10129	3821	35525
2018.06	276862	258780	106540	97895	54345	15314	4827	10487	2769	36325
2018.09	280013	261442	101709	104345	55387	15218	4457	10761	3354	38790
2018.12	282199	264373	104898	101411	58064	14631	4615	10016	3195	39696
2019.03	295754	278223	104160	109754	64309	14661	4603	10058	2870	40115
2019.06	308802	291253	111928	111702	67622	14732	4584	10147	2818	42104
2019.09	310633	292211	107294	116149	68767	14371	4080	10292	4050	33555
2019.12	314307	296613	111424	113512	71677	14638	4544	10095	3056	36167
2020.03	334297	315466	110615	127376	77475	14911	4442	10469	3919	39978
2020.06	347636	329399	120417	128614	80367	14594	4976	9618	3643	38057
2020.09	344403	325146	120167	126127	78851	15392	6026	9366	3866	39175
2020.12	347617	326484	126363	118874	81246	16365	7274	9091	4769	42301
2021.03	353832	332617	124697	122135	85785	17343	7668	9675	3872	39102
2021.06	362807	341104	129797	123678	87629	18100	8059	10041	3604	39190
2021.09	362205	341128	126833	127280	87015	17943	7904	10039	3135	39243
2021.12	367988	347312	130245	126467	90601	17198	7675	9522	3478	34086
2022.03	383042	360906	130935	132048	97923	18937	7777	11160	3199	33451
2022.06	399751	378017	136309	138887	102821	18286	7725	10561	3448	30025
2022.09	404892	382497	133996	143204	105297	16617	6436	10181	5778	32124
2022.12	408134	389387	130752	139737	118899	14563	6262	8301	4184	36448

注：“中资中型银行资产负债表”机构范围见第 96 页[注 2]。
Note: Please refer to note 2 on page 96 for the information of institutional coverage of the “Balance Sheet of Medium-sized Domestic Banks”.

2.10 2 中资中型银行资产负债表（负债）
Balance Sheet of Medium-sized Domestic Banks (Liabilities)

单位：亿元
Unit: 100 Million Yuan

时间 Time	对其他存款性公司负债 Liabilities to Other Depository Corporations	对其他金融性公司负债 Liabilities to Other Financial Corporations	计入广义货币的存款 Deposits Included in Broad Money	国外负债 Foreign Liabilities	债券发行 Bonds Issue	实收资本 Paid-in Capital	其他负债 Other Liabilities	总负债 Total Liabilities
2015	42451	68221	66507	2388	64192	4002	46195	463749
2016	49315	68878	67153	3414	86079	5233	52759	550112
2017.03	44306	70001	68569	4620	91597	5302	54551	554594
2017.06	37126	65807	64903	5376	94309	5336	55547	558136
2017.09	38081	66074	63638	6353	95916	5396	58027	562146
2017.12	39070	67781	65259	6132	94733	6222	59144	575429
2018.03	34800	74777	73468	6191	96829	6221	62727	586890
2018.06	35432	75117	73903	6453	100168	6296	64706	601359
2018.09	31752	70477	68172	6265	101502	6330	67051	602178
2018.12	34694	72246	69944	6374	107575	6396	69889	619068
2019.03	35156	65135	64120	6613	110745	6432	69487	629436
2019.06	33655	66012	65252	6418	113788	7560	71084	649423
2019.09	34915	72330	70797	6389	116548	8229	71871	654470
2019.12	35854	77678	76643	6419	121923	9506	71145	672999
2020.03	37387	73350	72753	6387	122559	9838	75851	699648
2020.06	40505	73856	72996	6467	127383	10038	77375	721317
2020.09	38008	80542	79620	6007	136648	10936	76579	732299
2020.12	38744	83305	82765	5095	140070	12241	75116	744489
2021.03	37404	92935	92133	4700	146746	12245	79529	766491
2021.06	33172	95675	94851	4638	147301	12944	83617	779346
2021.09	33749	97675	96285	4211	151975	13543	84233	786834
2021.12	31863	103314	102560	4554	158809	14473	83833	798920
2022.03	31790	103396	102617	3762	162420	14493	89017	821370
2022.06	34872	97777	96975	3650	163424	14547	89945	833991
2022.09	34377	95280	94671	4259	167429	14664	91982	845006
2022.12	34842	99574	98961	4297	171991	14668	91206	861161

2.11 1 中资小型银行资产负债表（资产）
Balance Sheet of Small-sized Domestic Banks (Assets)

单位：亿元
Unit: 100 Million Yuan

时间 Time	国外资产 Foreign Assets	储备资产 Reserve Assets	准备金存款 Deposits with Central Bank	库存现金 Cash in Vault	对政府债权 Claims on Government	对中央银行债权 Claims on Central Bank
2015	694	47047	45474	1573	14705	88
2016	882	55724	54019	1705	21709	25
2017.03	1388	53679	51900	1779	22199	22
2017.06	1444	56004	54292	1712	23899	3
2017.09	1499	56695	54832	1862	26302	3
2017.12	1461	63567	61738	1830	28473	0
2018.03	1622	60714	58730	1984	29351	0
2018.06	1615	60325	58493	1832	30695	0
2018.09	1578	59771	57665	2106	34286	0
2018.12	1766	66329	64499	1830	35998	0
2019.03	1695	58544	56470	2074	38174	0
2019.06	1856	60856	58972	1884	40258	0
2019.09	1891	56778	54735	2042	44117	0
2019.12	2005	64860	62937	1923	46624	0
2020.03	1952	57779	55143	2635	49685	0
2020.06	2383	56810	54667	2143	55081	0
2020.09	2551	58075	55941	2134	59448	0
2020.12	3079	64114	62054	2060	63445	6
2021.03	3165	58625	56356	2269	66027	6
2021.06	3815	61153	59141	2013	71777	6
2021.09	3728	59155	57030	2125	76099	10
2021.12	3636	63528	61538	1990	81562	7
2022.03	3715	59973	57796	2177	87413	7
2022.06	4220	59490	57517	1973	94513	12
2022.09	4380	59099	56972	2127	98060	54
2022.12	4289	64422	62374	2048	101430	54

2.11 1 中资小型银行资产负债表（资产）
Balance Sheet of Small-sized Domestic Banks (Assets)

单位：亿元
Unit: 100 Million Yuan

时间 Time	对其他存款性公司债权 Claims on Other Depository Corporations	对其他金融性公司债权 Claims on Other Financial Corporations	对非金融性公司债权 Claims on Non-financial Corporations	对其他居民部门债权 Claims on Other Resident Sectors	其他资产 Other Assets	总资产 Total Assets
2015	75065	50200	139039	46631	13155	386624
2016	87448	97709	152228	60019	16890	492633
2017.03	94279	104157	160373	65039	18237	519373
2017.06	91141	105641	165294	69714	18841	531980
2017.09	91811	110022	169154	75081	18120	548687
2017.12	94275	110144	173386	78880	18173	568359
2018.03	89991	108502	180762	84395	19017	574355
2018.06	90389	103220	188116	89748	19438	583547
2018.09	89219	98641	197445	95971	20616	597526
2018.12	92540	97963	204553	101280	21378	621807
2019.03	99608	100037	218027	106887	22301	645274
2019.06	99874	94683	225586	112490	21855	657457
2019.09	98606	90945	231032	119494	22982	665844
2019.12	97216	91184	235858	125354	24518	687620
2020.03	101735	90651	251022	129592	25008	707424
2020.06	105005	87819	262239	136546	26824	732708
2020.09	109891	82618	268727	144655	26497	752462
2020.12	108371	78920	273958	150346	27302	769540
2021.03	114983	79278	290159	160024	28261	800529
2021.06	111612	78582	299812	167082	28749	822589
2021.09	113928	78821	305337	172890	30462	840429
2021.12	110436	81744	311018	176055	30715	858701
2022.03	120586	83831	329872	180320	32026	897743
2022.06	121569	85011	340446	183571	32237	921067
2022.09	120553	85078	344192	188646	34086	934148
2022.12	121273	83352	349078	191195	33596	948690

2.11 2 中资小型银行资产负债表（负债）
Balance Sheet of Small-sized Domestic Banks (Liabilities)

单位：亿元
Unit: 100 Million Yuan

时间 Time	对非金融机构及住户负债 Liabilities to Non-financial Institutions & Households	纳入广义货币的存款 Deposits Included in Broad Money	企业活期存款 Demand Deposits of Enterprises	企业定期存款 Time Deposits of Enterprises	居民储蓄存款 Household Savings Deposits	不纳入广义货币的存款 Deposits Excluded from Broad Money	可转让存款 Transferable Deposits	其他存款 Other Deposits	其他负债 Other Liabilities	对中央银行负债 Liabilities to Central Bank
2015	251931	248664	62771	62884	123009	2208	389	1819	1058	2668
2016	314329	309906	84609	72680	152617	2646	600	2045	1777	9510
2017.03	332478	327205	86201	73835	167168	3359	599	2759	1915	6941
2017.06	342386	336579	92950	73370	170259	3776	678	3098	2031	7032
2017.09	352193	345794	95938	75228	174628	3936	692	3244	2463	7505
2017.12	366366	358988	103422	76011	179555	4076	854	3222	3302	9510
2018.03	373481	365654	96210	76458	192986	3942	999	2943	3885	7594
2018.06	382249	374688	100244	78492	195953	3514	893	2621	4046	8586
2018.09	391974	383900	100250	81284	202367	3413	861	2552	4661	9609
2018.12	408501	400135	103423	83601	213111	3359	980	2379	5007	12398
2019.03	431793	423363	100492	88712	234159	3314	835	2479	5115	9362
2019.06	444499	435576	104677	90939	239961	3642	926	2716	5281	12898
2019.09	454180	444455	104402	91117	248935	3787	990	2796	5938	12459
2019.12	466769	455701	107988	89184	258528	4162	1102	3060	6906	14790
2020.03	485350	478644	104738	93004	280902	4484	996	3488	2222	15775
2020.06	507469	500897	113280	96533	291085	4461	1183	3279	2110	18768
2020.09	519816	512891	115378	96863	300650	4673	1324	3349	2252	22308
2020.12	528721	521158	118138	92853	310166	4868	1591	3277	2695	27801
2021.03	553746	546421	116492	95380	334549	5292	1650	3642	2034	25489
2021.06	566394	558517	119843	98476	340198	5904	1783	4121	1973	26393
2021.09	574762	566466	118523	100270	347673	6327	1830	4497	1969	29406
2021.12	585933	576925	121117	99939	355869	6600	2224	4376	2408	31356
2022.03	618899	610259	121583	104987	383689	6655	2338	4317	1985	32110
2022.06	638072	629594	126710	108673	394211	6456	2416	4041	2021	31829
2022.09	647436	639160	123160	112731	403268	5602	1943	3659	2675	31074
2022.12	658509	651021	121027	112415	417579	4881	2057	2824	2607	32725

注：“中资小型银行资产负债表”机构范围见第 96 页 [注 2]。
Note: Please refer to note 2 on page 96 for the information of institutional coverage of the “Balance Sheet of Small-sized Domestic Banks”.

2.11 2 中资小型银行资产负债表（负债）
Balance Sheet of Small-sized Domestic Banks (Liabilities)

单位：亿元
Unit: 100 Million Yuan

时间 Time	对其他存款性公司负债 Liabilities to Other Depository Corporations	对其他金融性公司负债 Liabilities to Other Financial Corporations	计入广义货币的存款 Deposits Included in Broad Money	国外负债 Foreign Liabilities	债券发行 Bonds Issue	实收资本 Paid-in Capital	其他负债 Other Liabilities	总负债 Total Liabilities
2015	47395	24055	22821	850	14438	10641	34646	386624
2016	52388	32397	30626	642	27608	12659	43099	492633
2017.03	52542	35066	34089	800	33288	13185	45073	519373
2017.06	51463	34683	34084	920	34932	13610	46954	531980
2017.09	50030	38620	37609	969	35768	14153	49449	548687
2017.12	50952	37994	36297	924	36014	14972	51628	568359
2018.03	48390	38021	37166	924	37036	15141	53768	574355
2018.06	44366	38303	37630	966	37754	15474	55849	583547
2018.09	43577	37892	36990	1116	38400	15792	59165	597526
2018.12	40430	40729	39697	1151	41757	16546	60295	621807
2019.03	40333	40357	39865	1190	43349	16719	62172	645274
2019.06	38498	37091	36271	1202	41197	16993	65080	657457
2019.09	37739	37610	36070	1052	38600	17427	66777	665844
2019.12	38823	42923	40698	932	36267	19063	68052	687620
2020.03	37437	40815	39212	979	37592	19287	70189	707424
2020.06	38672	40660	39041	865	35588	19702	70985	732708
2020.09	39524	40878	38789	836	35825	20180	73095	752462
2020.12	39462	41634	40394	769	35466	21444	74243	769540
2021.03	41169	43571	42176	795	36404	21660	77694	800529
2021.06	42108	46569	44943	759	37331	22290	80747	822589
2021.09	41888	47259	45941	789	38062	23021	85241	840429
2021.12	41366	52588	51047	763	37918	23952	84824	858701
2022.03	40687	53852	52824	648	40040	23926	87580	897743
2022.06	42504	53509	52722	747	40897	24431	89078	921067
2022.09	43806	53780	52635	751	40377	24745	92180	934148
2022.12	43489	56089	54409	882	39479	24969	92548	948690

2.12 1 外资银行资产负债表（资产）
Balance Sheet of Foreign-funded Banks (Assets)

单位：亿元
Unit: 100 Million Yuan

时间 Time	国外资产 Foreign Assets	储备资产 Reserve Assets	准备金存款 Deposits with Central Bank	库存现金 Cash in Vault	对政府债权 Claims on Government	对中央银行债权 Claims on Central Bank
2015	2391	2899	2889	10	1793	105
2016	2071	4060	4051	9	1958	0
2017.03	2008	3478	3470	8	1780	0
2017.06	2187	3469	3461	8	1952	0
2017.09	2192	3297	3289	8	2027	0
2017.12	2222	3766	3758	7	2230	0
2018.03	2043	3045	3038	7	2020	0
2018.06	2328	2985	2979	7	2028	0
2018.09	2380	2832	2826	6	2584	0
2018.12	2452	3287	3281	6	2681	0
2019.03	2501	2645	2639	5	2740	0
2019.06	2443	2904	2899	5	2884	0
2019.09	2546	2880	2875	5	3096	0
2019.12	2950	3252	3247	5	3388	0
2020.03	2673	2948	2943	4	4089	0
2020.06	2811	3113	3109	4	4023	0
2020.09	3075	2950	2946	4	4150	0
2020.12	3091	3203	3199	3	4806	0
2021.03	3092	2724	2721	3	4283	0
2021.06	3215	2760	2757	3	4285	0
2021.09	3412	2583	2581	3	4162	8
2021.12	3767	2578	2575	3	4421	6
2022.03	3649	2338	2335	3	4601	1
2022.06	3599	2248	2246	3	4861	1
2022.09	3673	2388	2386	2	4925	0
2022.12	3297	2800	2798	3	5107	0

注：自 2008 年起，本表项目中原“央行债券”更名为“对中央银行债权”。
Note: Since 2008, the item of “Central Bank Bonds” has been renamed as “Claims on Central Bank”.

2.12 1 外资银行资产负债表（资产）
Balance Sheet of Foreign-funded Banks (Assets)

单位：亿元
Unit: 100 Million Yuan

时间 Time	对其他存款性公司债权* Claims on Other Depository Corporations*	对其他金融性公司债权* Claims on Other Financial Corporations*	对非金融性公司债权 Claims on Non-financial Corporations	对其他居民部门债权 Claims on Other Resident Sectors	其他资产 Other Assets	总资产 Total Assets
2015	4689	2590	10267	980	1969	27684
2016	5698	2738	10254	1081	3809	31670
2017.03	5377	2987	10206	1125	8875	35836
2017.06	5611	3149	10522	1167	10104	38160
2017.09	6110	3415	11023	1207	10958	40230
2017.12	6505	3694	11020	1234	11812	42483
2018.03	5926	3826	12082	1254	12604	42800
2018.06	5893	3849	12009	1283	12596	42972
2018.09	5271	3847	12367	1340	13218	43840
2018.12	5844	3745	11649	1452	13066	44177
2019.03	5178	3812	11983	1524	12962	43344
2019.06	5378	3664	12132	1573	12813	43791
2019.09	4865	3646	12633	1609	13114	44389
2019.12	5186	3662	12266	1683	12684	45071
2020.03	4798	3728	13108	1685	13326	46355
2020.06	4297	3669	12983	1708	13176	45780
2020.09	4500	3753	13169	1779	12795	46171
2020.12	4739	4395	13299	1873	12452	47858
2021.03	4272	4431	13723	1945	12618	47087
2021.06	4175	4717	13493	2041	12687	47373
2021.09	4145	4661	13342	2110	12709	47134
2021.12	4540	4781	13267	2212	12519	48091
2022.03	3873	4676	13977	2195	12533	47843
2022.06	3423	4618	13648	2211	13414	48023
2022.09	3722	4558	14572	2244	14117	50197
2022.12	4179	4857	13444	2186	13494	49366

* 自 2005 年起，本表采用其他存款性公司和其他金融性公司分类，其机构范围详见第 94 页[注 1]。2005 年之前，存款货币银行和特定存款机构加总的数据可以替代其他存款性公司数据，其他金融机构的数据可以替代其他金融性公司数据。

* For this sheet, new classification has been adopted since 2005. Please refer to the note 1 on page 94 for the particular institution coverage of other depository corporations and other financial corporations. To keep comparability, the data of other depository corporations before 2005 could be approximately substituted by the aggregation of deposit money banks and specific monetary institutions. Similarly, data of other financial corporations could be substituted by data of other financial institutions before 2005.

2.12 2 外资银行资产负债表（负债）
Balance Sheet of Foreign-funded Banks (Liabilities)

单位：亿元
Unit: 100 Million Yuan

时间 Time	对非金融机构及住户负债 Liabilities to Non-financial Institutions & Households	纳入广义货币的存款 Deposits Included in Broad Money	企业活期存款 Demand Deposits of Enterprises	企业定期存款 Time Deposits of Enterprises	居民储蓄存款 Household Savings Deposits	不纳入广义货币的存款 Deposits Excluded from Broad Money	可转让存款 Transferable Deposits	其他存款 Other Deposits	其他负债 Other Liabilities	对中央银行负债 Liabilities to Central Bank
2015	14593	11213	3751	5958	1504	2774	1563	1211	605	5
2016	17153	12731	4425	6996	1310	3478	1845	1633	945	168
2017.03	16241	12213	3637	7304	1272	3384	1796	1588	644	217
2017.06	16384	12319	3873	7185	1261	3361	1800	1561	704	334
2017.09	17066	12639	3660	7730	1249	3351	1717	1635	1076	259
2017.12	18357	13802	4886	7645	1270	3373	1761	1612	1182	284
2018.03	17732	12909	3876	7786	1247	3211	1668	1543	1612	91
2018.06	17378	12865	4152	7499	1214	3336	1777	1559	1177	226
2018.09	17468	12701	3650	7805	1247	3347	1749	1598	1420	82
2018.12	18386	13700	4837	7565	1298	3461	1876	1586	1225	144
2019.03	17054	12744	3850	7607	1288	3303	1701	1602	1007	85
2019.06	17706	13126	4131	7691	1304	3625	1752	1872	956	161
2019.09	18494	13102	3870	7929	1303	3850	1764	2086	1542	133
2019.12	19486	14390	5347	7706	1338	3953	1946	2007	1143	183
2020.03	19033	13523	4587	7576	1359	3983	1841	2141	1527	65
2020.06	19247	13896	4867	7643	1387	4092	2156	1936	1258	74
2020.09	19952	14108	4364	8396	1348	4056	2122	1934	1787	296
2020.12	22026	15505	5744	8362	1399	4084	2325	1759	2437	422
2021.03	20533	14914	4872	8638	1404	3743	2256	1487	1876	147
2021.06	20463	14845	4995	8445	1404	4051	2497	1554	1568	303
2021.09	19964	14758	4395	8984	1379	3978	2401	1577	1228	579
2021.12	21225	15681	5516	8781	1383	4192	2649	1544	1352	331
2022.03	20158	14823	4680	8760	1383	3929	2395	1534	1406	664
2022.06	20259	14830	4950	8473	1406	3976	2474	1502	1453	81
2022.09	21546	15190	4600	9127	1463	3916	2351	1564	2440	552
2022.12	21554	16014	5636	8799	1579	4001	2381	1620	1539	215

2.12 2 外资银行资产负债表（负债）
Balance Sheet of Foreign-funded Banks (Liabilities)

单位：亿元
Unit: 100 Million Yuan

时间 Time	对其他存款性公司负债* Liabilities to Other Depository Corporations*	对其他金融性公司负债* Liabilities to Other Financial Corporations*	计入广义货币的存款 Deposits Included in Broad Money	国外负债 Foreign Liabilities	债券发行 Bonds Issue	实收资本 Paid-in Capital	其他负债 Other Liabilities	总负债 Total Liabilities
2015	2019	1524	1315	4241	257	1744	3301	27684
2016	2611	1241	1027	3247	184	1761	5305	31670
2017.03	2768	1020	879	3239	199	1762	10390	35836
2017.06	2932	896	718	4078	200	1763	11574	38160
2017.09	2705	912	763	4779	222	1766	12521	40230
2017.12	2612	941	772	4884	226	1835	13344	42483
2018.03	3137	903	772	4735	208	1830	14164	42800
2018.06	2832	1043	936	5073	323	1835	14263	42972
2018.09	2884	1100	938	5011	446	1873	14977	43840
2018.12	2342	1116	1004	4904	549	1878	14858	44177
2019.03	2823	1128	1024	4827	695	1954	14777	43344
2019.06	2893	1163	1052	4444	806	1975	14642	43791
2019.09	2497	1211	1059	4273	785	1977	15019	44389
2019.12	2663	1264	1140	4041	859	1979	14597	45071
2020.03	2302	1442	1313	5197	988	1983	15345	46355
2020.06	2524	1318	1181	4423	966	1988	15241	45780
2020.09	2538	1286	1112	4388	904	1986	14821	46171
2020.12	2257	1403	1205	4342	845	1999	14564	47858
2021.03	2891	1592	1408	4147	851	2008	14918	47087
2021.06	2737	1668	1489	4138	924	2011	15129	47373
2021.09	2962	2087	1882	3702	916	2000	14923	47134
2021.12	2735	2067	1859	4066	884	2019	14765	48091
2022.03	2783	2605	2395	3539	1105	2039	14950	47843
2022.06	2542	2519	2335	3578	1035	2041	15967	48023
2022.09	2131	2687	2531	3279	1061	2055	16885	50197
2022.12	2190	2469	2301	3877	1020	2054	15988	49366

* 见第 45 页脚注。
* See footnote on page 45.

2.13 1 农村信用社资产负债表（资产）
Balance Sheet of Rural Credit Cooperatives (Assets)

单位：亿元
Unit: 100 Million Yuan

时间 Time	国外资产 Foreign Assets	储备资产 Reserve Assets			对政府债权 Claims on Government	对中央银行债权 Claims on Central Bank
			准备金存款 Deposits with Central Bank	库存现金 Cash in Vault		
2015	3	14570	13846	723	1217	5
2016	4	11574	10989	585	1350	0
2017.03	4	8757	8109	648	1321	0
2017.06	4	9656	9064	592	1396	0
2017.09	4	9459	8865	594	1502	0
2017.12	4	11275	10776	499	1545	0
2018.03	4	9798	9208	590	1528	0
2018.06	3	10021	9514	506	1505	0
2018.09	7	9846	9282	564	1621	0
2018.12	7	11289	10881	408	1627	0
2019.03	7	8764	8279	485	1658	0
2019.06	7	8741	8333	407	1692	0
2019.09	5	8697	8270	427	1857	0
2019.12	5	9541	9216	325	1698	0
2020.03	5	8267	7828	439	2068	0
2020.06	5	7311	6956	355	2314	0
2020.09	5	7927	7563	363	2364	6
2020.12	4	8863	8566	297	2693	0
2021.03	6	7242	6909	333	2676	0
2021.06	5	7132	6841	291	2760	0
2021.09	1	7714	7409	305	2751	0
2021.12	1	8174	7926	248	3143	0
2022.03	4	7132	6856	277	3192	0
2022.06	3	6697	6462	236	3440	0
2022.09	1	6981	6718	263	3762	0
2022.12	1	6840	6626	214	4031	0

注：自2008年起，本表项目中原“央行债券”更名为“对中央银行债权”。
Note: Since 2008, the item of “Central Bank Bonds” has been renamed as “Claims on Central Bank”.

2.13 1 农村信用社资产负债表（资产）
Balance Sheet of Rural Credit Cooperatives (Assets)

单位：亿元
Unit: 100 Million Yuan

时间 Time	对其他存款性公司债权 * Claims on Other Depository Corporations*	对其他金融性公司债权 * Claims on Other Financial Corporations*	对非金融性公司债权 Claims on Non-financial Corporations	对其他居民部门债权 Claims on Other Resident Sectors	其他资产 Other Assets	总资产 Total Assets
2015	19771	2710	22692	20729	4249	85946
2016	22290	2642	19471	18259	4160	79750
2017.03	24981	2734	18795	17493	4224	78308
2017.06	23708	2690	18668	17730	4156	78008
2017.09	22618	2480	18428	17369	3820	75680
2017.12	20412	2139	17749	16597	3295	73017
2018.03	21762	2268	17876	16604	3158	72997
2018.06	20486	1874	17553	16671	3054	71168
2018.09	19709	1739	17022	16363	3011	69317
2018.12	16429	1454	15547	15328	2948	64629
2019.03	19770	1517	15643	15310	2929	65598
2019.06	19639	1111	15150	15476	2966	64781
2019.09	18916	1514	14821	15359	3009	64177
2019.12	15994	895	13808	14560	3256	59756
2020.03	18698	951	14270	14705	3218	62182
2020.06	17701	939	14036	14816	3272	60394
2020.09	18094	1479	13774	14742	3341	61731
2020.12	16059	1119	13053	14149	3405	59344
2021.03	18219	1017	13132	14143	3531	59965
2021.06	18178	1049	13190	14177	3741	60232
2021.09	17794	1661	12627	13899	3650	60096
2021.12	16185	1321	12267	13388	3792	58272
2022.03	18297	1177	12431	13602	3831	59666
2022.06	18016	1147	12554	13757	3852	59465
2022.09	17226	1979	12591	13822	4746	61108
2022.12	16066	1340	12709	13451	4753	59191

* 自 2005 年起，本表采用其他存款性公司和其他金融性公司分类，其机构范围详见第 94 页 [注 1]。2005 年之前，存款货币银行和特定存款机构加总的数据可以替代其他存款性公司数据，其他金融机构的数据可以替代其他金融性公司数据。

* For this sheet, new classification has been adopted since 2005. Please refer to the note 1 on page 94 for the particular institution coverage of other depository corporations and other financial corporations. To keep comparability, the data of other depository corporations before 2005 could be approximately substituted by the aggregation of deposit money banks and specific monetary institutions. Similarly, data of other financial corporations could be substituted by data of other financial institutions before 2005.

2.13 2 农村信用社资产负债表（负债）
Balance Sheet of Rural Credit Cooperatives (Liabilities)

单位：亿元
Unit: 100 Million Yuan

时间 Time	对非金融机构及住户负债 Liabilities to Non-financial Institutions & Households	纳入广义货币的存款 Deposits Included in Broad Money	企业活期存款 Demand Deposits of Enterprises	企业定期存款 Time Deposits of Enterprises	居民储蓄存款 Household Savings Deposits	不纳入广义货币的存款 Deposits Excluded from Broad Money	可转让存款 Transferable Deposits	其他存款 Other Deposits	其他负债 Other Liabilities	对中央银行负债 Liabilities to Central Bank
2015	63807	63630	9916	2559	51155	7	1	7	169	1072
2016	57662	57526	10124	2127	45274	6	1	4	130	984
2017.03	56991	56908	9716	2125	45067	6	2	4	77	851
2017.06	56526	56453	10190	2102	44161	4	1	3	69	935
2017.09	55228	55150	10153	2067	42930	4	1	3	74	850
2017.12	52983	52845	9570	1870	41405	5	1	4	133	886
2018.03	53375	53296	9020	1867	42409	1	1	0	78	778
2018.06	51972	51903	9162	1820	40921	1	1	0	69	770
2018.09	50183	50114	8948	1789	39377	0	0	0	69	743
2018.12	46535	46408	7839	1497	37072	0	0	0	127	771
2019.03	46880	46799	7664	1505	37630	0	0	0	80	654
2019.06	45976	45904	7653	1479	36772	0	0	0	71	558
2019.09	44995	44925	7397	1454	36074	0	0	0	70	502
2019.12	42228	42107	6354	1271	34482	1	1	0	121	553
2020.03	43666	43580	6379	1288	35913	0	0	0	86	573
2020.06	42837	42765	6339	1326	35099	0	0	0	72	682
2020.09	42849	42779	6425	1294	35060	0	0	0	70	806
2020.12	41288	41168	5697	1203	34268	1	1	0	119	941
2021.03	42099	42019	5635	1222	35162	0	0	0	80	876
2021.06	41874	41804	5483	1265	35056	0	0	0	70	884
2021.09	40693	40624	5188	1292	34145	0	0	0	69	885
2021.12	39857	39744	4615	1239	33890	0	0	0	113	944
2022.03	41159	41077	4631	1258	35187	0	0	0	81	958
2022.06	41715	41643	4612	1263	35767	0	0	0	72	1005
2022.09	42063	41991	4595	1260	36137	0	0	0	71	1027
2022.12	41490	41372	4156	1198	36019	1	1	0	117	1024

2.13 2 农村信用社资产负债表（负债）
Balance Sheet of Rural Credit Cooperatives (Liabilities)

单位：亿元
Unit: 100 Million Yuan

时间 Time	对其他存款性公司负债* Liabilities to Other Depository Corporations*	对其他金融性公司负债* Liabilities to Other Financial Corporations*	计入广义货币的存款 Deposits Included in Broad Money	国外负债 Foreign Liabilities	债券发行 Bonds Issue	实收资本 Paid-in Capital	其他负债 Other Liabilities	总负债 Total Liabilities
2015	7909	508	127	0	18	2566	10066	85946
2016	8609	436	147	0	72	2146	9840	79750
2017.03	9085	222	148	0	22	1966	9172	78308
2017.06	8965	180	132	0	31	1947	9424	78008
2017.09	8720	263	134	0	25	1874	8719	75680
2017.12	8076	449	116	0	32	1856	8735	73017
2018.03	8394	339	118	0	34	1781	8296	72997
2018.06	7928	144	124	0	23	1762	8569	71168
2018.09	7778	64	102	0	58	1692	8698	69317
2018.12	7165	170	88	0	10	1585	8392	64629
2019.03	7992	135	114	1	16	1510	8410	65598
2019.06	7959	238	124	1	8	1476	8563	64781
2019.09	8222	158	103	1	1	1408	8890	64177
2019.12	7277	318	112	1	1	1416	7963	59756
2020.03	8455	222	102	1	2	1375	7888	62182
2020.06	7432	264	91	1	7	1344	7827	60394
2020.09	7906	293	73	1	17	1319	8539	61731
2020.12	7647	319	57	1	8	1306	7835	59344
2021.03	8107	286	68	1	19	1244	7332	59965
2021.06	8194	155	76	1	18	1293	7813	60232
2021.09	8826	173	65	1	5	1203	8310	60096
2021.12	8091	194	65	1	4	1373	7807	58272
2022.03	8297	122	75	1	3	1389	7739	59666
2022.06	8031	119	100	1	6	1340	7248	59465
2022.09	8828	118	104	1	0	1323	7749	61108
2022.12	7908	109	99	1	4	1321	7334	59191

* 见第 49 页脚注。

* See footnote on page 49.

2.14 1 财务公司资产负债表（资产）
Balance Sheet of Finance Companies (Assets)

单位：亿元
Unit: 100 Million Yuan

时间 Time	国外资产 Foreign Assets	储备资产 Reserve Assets	准备金存款 Deposits with Central Bank	库存现金 Cash in Vault	对政府债权 Claims on Government	对中央银行债权 Claims on Central Bank
2015	189	2174	2174	0	67	0
2016	265	3039	3039	0	64	0
2017.03	264	2512	2512	0	68	0
2017.06	255	2535	2535	0	56	0
2017.09	227	2722	2722	0	56	0
2017.12	282	3486	3486	0	58	0
2018.03	206	2800	2800	0	59	0
2018.06	219	3040	3040	1	60	0
2018.09	225	3399	3399	0	69	0
2018.12	222	3577	3577	0	65	0
2019.03	191	2714	2714	0	72	0
2019.06	203	2744	2744	0	93	0
2019.09	215	3001	3000	1	88	0
2019.12	192	3485	3485	0	142	0
2020.03	233	3405	3405	0	155	0
2020.06	232	3200	3200	0	221	0
2020.09	201	3169	3167	2	275	0
2020.12	193	3899	3899	0	250	0
2021.03	184	3262	3262	0	270	0
2021.06	163	4386	4386	0	244	0
2021.09	219	3458	3457	1	291	0
2021.12	253	3612	3612	0	291	0
2022.03	192	3119	3119	0	316	0
2022.06	182	3340	3340	0	463	0
2022.09	251	3346	3346	0	533	0
2022.12	290	3465	3465	0	615	0

注：自 2008 年起，本表项目中原“央行债券”更名为“对中央银行债权”。
Note: Since 2008, the item of “Central Bank Bonds” has been renamed as “Claims on Central Bank”.

2.14 1 财务公司资产负债表（资产）
Balance Sheet of Finance Companies (Assets)

单位：亿元
Unit: 100 Million Yuan

时间 Time	对其他存款性公司债权 * Claims on Other Depository Corporations*	对其他金融性公司债权 * Claims on Other Financial Corporations*	对非金融性公司债权 Claims on Non-financial Corporations	对其他居民部门债权 Claims on Other Resident Sectors	其他资产 Other Assets	总资产 Total Assets
2015	17973	2343	15393	684	339	39161
2016	19733	2584	18947	1059	291	45982
2017.03	15357	2808	19894	1040	315	42258
2017.06	15401	3133	21297	1056	308	44039
2017.09	16894	3846	22064	1120	316	47246
2017.12	23390	3748	23195	1239	356	55755
2018.03	17504	3173	24431	1283	369	49824
2018.06	18698	3886	25149	1306	393	52751
2018.09	20907	4815	25808	1369	434	57026
2018.12	25376	3666	27334	1468	468	62177
2019.03	19563	4054	27663	1487	498	56242
2019.06	21634	3693	29006	1461	503	59337
2019.09	21310	4020	29877	1375	522	60407
2019.12	28289	3777	31670	1350	563	69467
2020.03	23591	3668	31038	1227	637	63954
2020.06	25312	4465	32096	1234	614	67374
2020.09	22630	4629	33084	1257	588	65833
2020.12	30035	5531	35404	1347	831	77490
2021.03	23662	4564	35808	1410	646	69807
2021.06	26931	5114	36147	1402	668	75054
2021.09	25871	5831	36849	1384	717	74620
2021.12	34849	6215	38362	1437	644	85662
2022.03	27359	6126	37472	1405	972	76960
2022.06	33776	6343	37414	1323	602	83442
2022.09	30172	6650	37968	1312	584	80816
2022.12	37527	5602	38895	1288	597	88279

* 自 2005 年起，本表采用其他存款性公司和其他金融性公司分类，其机构范围详见第 94 页 [注 1]。2005 年之前，存款货币银行和特定存款机构加总的数据可以替代其他存款性公司数据，其他金融机构的数据可以替代其他金融性公司数据。

* For this sheet, new classification has been adopted since 2005. Please refer to the note 1 on page 94 for the particular institution coverage of other depository corporations and other financial corporations. To keep comparability, the data of other depository corporations before 2005 could be approximately substituted by the aggregation of deposit money banks and specific monetary institutions. Similarly, data of other financial corporations could be substituted by data of other financial institutions before 2005.

2.14 2 财务公司资产负债表（负债）
Balance Sheet of Finance Companies (Liabilities)

单位：亿元
Unit: 100 Million Yuan

时间 Time	对非金融机构及住户负债 Liabilities to Non-financial Institutions & Households	纳入广义货币的存款 Deposits Included in Broad Money	企业活期存款 Demand Deposits of Enterprises	企业定期存款 Time Deposits of Enterprises	居民储蓄存款 Household Savings Deposits	不纳入广义货币的存款 Deposits Excluded from Broad Money	可转让存款 Transferable Deposits	其他存款 Other Deposits	其他负债 Other Liabilities	对中央银行负债 Liabilities to Central Bank
2015	31549	30872	17150	13720	2	667	489	178	11	125
2016	37338	36203	19687	16514	2	1124	865	259	11	186
2017.03	33082	32111	15309	16799	3	962	682	279	9	158
2017.06	34184	33179	16572	16603	4	984	713	271	21	182
2017.09	37391	36370	17604	18762	4	988	680	308	33	176
2017.12	45515	44086	23909	20172	5	1416	992	424	14	205
2018.03	39022	37979	17102	20872	5	1030	643	387	13	173
2018.06	41590	40611	19261	21344	6	952	608	344	27	175
2018.09	45695	44717	20866	23843	7	950	535	415	29	195
2018.12	50446	49222	27699	21516	7	1205	760	446	18	302
2019.03	43598	42661	21135	21519	7	920	544	376	17	264
2019.06	46118	45189	23477	21704	8	912	558	354	17	247
2019.09	47594	46662	22649	24006	8	916	495	420	16	209
2019.12	56233	54881	31964	22908	8	1335	901	434	17	235
2020.03	49753	48789	24770	24012	8	950	597	353	14	291
2020.06	53205	52140	27748	24384	8	1052	697	354	14	304
2020.09	51148	49897	23981	25909	7	1236	710	526	15	379
2020.12	62955	61184	35134	26043	7	1752	1206	545	19	370
2021.03	54370	53161	25602	27551	7	1196	749	447	13	414
2021.06	59917	58530	30724	27800	6	1370	1018	352	18	446
2021.09	59377	58120	28922	29192	5	1238	871	366	19	464
2021.12	70532	68589	39749	28835	5	1924	1580	343	19	446
2022.03	61246	59894	30029	29860	4	1337	976	362	14	472
2022.06	67975	66407	36407	29996	4	1552	1159	393	16	463
2022.09	65565	64354	31966	32385	2	1192	739	453	20	403
2022.12	72926	70904	40780	30123	2	2000	1178	823	21	347

2.14 2 财务公司资产负债表（负债）
Balance Sheet of Finance Companies (Liabilities)

单位：亿元
Unit: 100 Million Yuan

时间 Time	对其他存款性公司负债* Liabilities to Other Depository Corporations*	对其他金融性公司负债* Liabilities to Other Financial Corporations*	计入广义货币的存款 Deposits Included in Broad Money	国外负债 Foreign Liabilities	债券发行 Bonds Issue	实收资本 Paid-in Capital	其他负债 Other Liabilities	总负债 Total Liabilities
2015	647	200	105	31	191	3604	2814	39161
2016	525	144	110	14	206	4299	3270	45982
2017.03	634	178	139	10	226	4530	3438	42258
2017.06	893	371	160	6	197	4716	3491	44039
2017.09	569	319	174	6	192	4907	3686	47246
2017.12	655	253	151	9	95	5129	3893	55755
2018.03	832	271	176	10	86	5217	4213	49824
2018.06	939	267	171	24	79	5368	4309	52751
2018.09	809	305	215	23	78	5472	4448	57026
2018.12	755	264	148	25	77	5615	4694	62177
2019.03	1119	342	166	18	77	5677	5147	56242
2019.06	1144	436	179	12	60	5816	5505	59337
2019.09	889	348	190	7	60	5901	5401	60407
2019.12	808	389	265	8	10	6122	5662	69467
2020.03	1402	409	220	3	10	6193	5892	63954
2020.06	1079	369	230	0	101	6344	5971	67374
2020.09	1140	435	166	0	60	6632	6039	65833
2020.12	886	309	207	0	42	6774	6152	77490
2021.03	1460	317	167	0	30	6775	6442	69807
2021.06	952	339	179	0	20	6804	6576	75054
2021.09	734	405	146	0	1	6838	6801	74620
2021.12	612	338	195	0	0	6926	6809	85662
2022.03	793	245	141	0	0	7032	7172	76960
2022.06	814	241	170	0	0	7060	6889	83442
2022.09	473	215	148	2	0	7131	7028	80816
2022.12	444	239	180	0	0	7381	6942	88279

* 见第 53 页脚注。

* See footnote on page 53.

3.1 金融统计数据报告

2022 年金融统计数据报告

一、2022 年社会融资规模增量累计为 32.01 万亿元

初步统计，2022 年全年社会融资规模增量累计为 32.01 万亿元，比上年多 6689 亿元。其中，对实体经济发放的人民币贷款增加 20.91 万亿元，同比多增 9746 亿元；对实体经济发放的外币贷款折合人民币减少 5254 亿元，同比多减 6969 亿元；委托贷款增加 3579 亿元，同比多增 5275 亿元；信托贷款减少 6003 亿元，同比少减 1.41 万亿元；未贴现的银行承兑汇票减少 3411 亿元，同比少减 1505 亿元；企业债券净融资 2.05 万亿元，同比少 1.24 万亿元；政府债券净融资 7.12 万亿元，同比多 1074 亿元；非金融企业境内股票融资 1.18 万亿元，同比少 376 亿元。12 月，社会融资规模增量为 1.31 万亿元，比上年同期少 1.05 万亿元。

从结构来看，全年对实体经济发放的人民币贷款占同期社会融资规模的 65.3%，同比高 1.7 个百分点；对实体经济发放的外币贷款折合人民币占比为 -1.6%，同比低 2.1 个百分点；委托贷款占比为 1.1%，同比高 1.6 个百分点；信托贷款占比为 -1.9%，同比高 4.5 个百分点；未贴现的银行承兑汇票占比为 -1.1%，同比高 0.5 个百分点；企业债券占比为 6.4%，同比低 4.1 个百分点；政府债券占比为 22.3%，同比低 0.1 个百分点；非金融企业境内股票融资占比为 3.7%，同比低 0.2 个百分点。

二、广义货币增长 11.8%，狭义货币增长 3.7%

12月末，广义货币(M2)余额为266.43万亿元，同比增长11.8%，增速比上月末低0.6个百分点，比上年同期高2.8个百分点；狭义货币(M1)余额为67.17万亿元，同比增长3.7%，增速比上月末低0.9个百分点，比上年同期高0.2个百分点；流通中货币(M0)余额为10.47万亿元，同比增长15.3%。全年净投放现金1.39万亿元。

三、全年人民币贷款增加 21.31 万亿元，外币贷款减少 1779 亿美元

12 月末，本外币贷款余额为 219.1 万亿元，同比增长 10.4%。12 月末，人民币贷款余额为 213.99 万亿元，同比增长 11.1%，增速比上月末高 0.1 个百分点，比上年同期低 0.5 个百分点。

全年人民币贷款增加 21.31 万亿元，同比多增 1.36 万亿元。分部门来看，住户贷款增加 3.83 万亿元，其中，短期贷款增加 1.08 万亿元，中长期贷款增加 2.75 万亿元；企（事）业单位贷款增加 17.09 万亿元，其中，短期贷款增加 3.03 万亿元，中长期贷款增加 11.06 万亿元，票据融资增加 2.96 万亿元；非银行业金融机构贷款增加 1254 亿元。12 月，人民币贷款增加 1.4 万亿元，同比多增 2665 亿元。

12 月末，外币贷款余额 7348 亿美元，同比下降 19.5%。全年外币贷款减少 1779 亿美元，同比多减 2236 亿美元。12 月，外币贷款减少 342 亿美元，同比少减 19 亿美元。

四、全年人民币存款增加 26.26 万亿元，外币存款减少 1430 亿美元

12 月末，本外币存款余额为 264.45 万亿元，同比增长 10.8%。12 月末，人民币存款余额为 258.5 万亿元，同比增长 11.3%，增速比上月末低 0.3 个百分点，比上年同期高 2 个百分点。

全年人民币存款增加 26.26 万亿元，同比多增 6.59 万亿元。其中，住户存款增加 17.84 万亿元，非金融企业存款增加 5.09 万亿元，财政性存款减少 586 亿元，非银行业金融机构存款增加 1.38 万亿元。12 月，人民币存款增加 7242 亿元，同比少增 4403 亿元。

12 月末，外币存款余额为 8539 亿美元，同比下降 14.3%。全年外币存款减少 1430 亿美元，同比多减 2507 亿美元。12 月，外币存款减少 82 亿美元，同比少减 129 亿美元。

五、12 月银行间人民币市场同业拆借月加权平均利率为 1.26%，质押式债券回购月加权平均利率为 1.41%

全年银行间人民币市场以拆借、现券和回购方式合计成交1798.2万亿元，日均成交7.19万亿元，日均成交同比增长30.5%。其中，同业拆借日均成交同比增长23.6%，现券日均成交同比增长26.5%，质押式回购日均成交同比增长32.1%。

12月，同业拆借加权平均利率为1.26%，分别比上月和上年同期低0.29个和0.76个百分点；质押式回购加权平均利率为1.41%，分别比上月和上年同期低0.2个和0.68个百分点。

六、国家外汇储备余额 3.13 万亿美元

12 月末，国家外汇储备余额为 3.13 万亿美元。12 月末，人民币汇率为 1 美元兑 6.9646 元人民币。

七、2022 年经常项下跨境人民币结算金额为 10.51 万亿元，直接投资跨境人民币结算金额为 6.76 万亿元

2022 年，经常项下跨境人民币结算金额为 10.51 万亿元，其中货物贸易、服务贸易及其他经常项目分别为 7.92 万亿元、2.59 万亿元；直接投资跨境人民币结算金额为 6.76 万亿元，其中对外直接投资、外商直接投资分别为 1.92 万亿元、4.84 万亿元。

注 1：社会融资规模增量是指一定时期内实体经济从金融体系获得的资金额。数据来源于中国人民银行、中国银行保险监督管理委员会、中国证券监督管理委员会、中央国债登记结算有限责任公司、中国银行间市场交易商协会等部门。

注 2：自 2022 年 12 月起，“流通中货币 (M0)”含流通中数字人民币。12 月末，流通中数字人民币余额为 136.1 亿元。修订后，2022 年各月末 M1、M2 增速无明显变化。修订后 M0 增速如下：

时间	2022.01	2022.02	2022.03	2022.04	2022.05	2022.06
流通中货币 (M0)	18.5%	5.8%	10.0%	11.5%	13.5%	13.9%
时间	2022.07	2022.08	2022.09	2022.10	2022.11	2022.12
流通中货币 (M0)	13.9%	14.3%	13.6%	14.4%	14.1%	15.3%

3.1 Financial Statistics Data Report

Report on Financial Statistics of 2022

1. China's aggregate financing to the real economy (AFRE, flow) amounted to 32.01 trillion yuan in 2022

According to preliminary statistics, AFRE(flow) reached 32.01 trillion yuan in 2022, up 668.9 billion yuan from the previous year. In particular, new RMB loans to the real economy increased by 20.91 trillion yuan, up 974.6 billion yuan year on year; new foreign currency-denominated loans to the real economy decreased by 525.4 billion yuan, down 656.9 billion yuan year on year; new entrusted loans increased by 357.9 billion yuan, up 527.5 billion yuan year on year; new trust loans decreased by 600.3 billion yuan, up 1.41 trillion yuan year on year; undiscounted banker's acceptances decreased by 341.1 billion yuan, up 150.5 billion yuan year on year; net bond financing of enterprises rose 2.05 trillion yuan, down 1.24 trillion yuan year on year; net financing of government bonds rose 7.12 trillion yuan, up 107.4 billion yuan year on year; financing by domestic non-financial companies via the domestic stock market was 1.18 trillion yuan, down 37.6 billion yuan year on year. AFRE amounted to 1.31 trillion yuan in December, down 1.05 trillion yuan compared with the same period of previous year.

From a structural point of view, in 2022, new RMB loans to the real economy accounted for 65.3 percent in the AFRE(flow), up 1.7 percentage points year on year; new foreign currency-denominated loans to the real economy accounted for minus 1.6 percent, down 2.1 percentage point year on year; new entrusted loans accounted for 1.1 percent, up 1.6 percentage point year on year; new trust loans accounted for minus 1.9 percent, up 4.5 percentage points year on year; new undiscounted banker's acceptances accounted for minus 1.1 percent, up 0.5 percentage point year on year; net bond financing of enterprises accounted for 6.4 percent, down 4.1 percentage points year on year; net financing of government bonds accounted for 22.3 percent, down 0.1 percentage point year on year; financing by domestic non-financial companies via the domestic stock market accounted for 3.7 percent, down 0.2 percentage point year on year.

2. Broad money(M2) and narrow money (M1) rose by 11.8 percent and 3.7 percent respectively

At end-2022, broad money (M2) stood at 266.43 trillion yuan, increased by 11.8 percent year on year, down 0.6 percentage point a month earlier and up 2.8 percentage points year on year. Narrow money (M1) registered 67.17 trillion yuan, increased by 3.7 percent year on year, down 0.9 percentage point a month earlier and up 0.2 percentage point year on year. Currency in circulation (M0) was 10.47 trillion yuan, increased by 15.3 percent year on year. The whole year of 2022 saw a net money injection of 1.39 trillion yuan.

3. RMB loans increased by 21.31 trillion yuan and foreign currency loans increased by US$177.9 billion in 2022

At end-2022, outstanding RMB and foreign currency loans registered 219.1 trillion yuan, increased by 10.4 percent year on year. Outstanding RMB loans grew by 11.1 percent year on year to 213.99 trillion yuan, up 0.1 percentage point from a month earlier and down 0.5 percentage point year on year.

RMB loans increased by 21.31 trillion yuan in 2022, up 1.36 trillion yuan year on year. By sector, household loans increased by 3.83 trillion yuan, with short-term loans increased by 1.08 trillion yuan and medium - and long-term loans increased by 2.75 trillion yuan; loans to non-financial enterprises and other sectors increased by 17.09 trillion yuan, with short-term loans increased by 3.03 trillion yuan, medium - and long-term (MLT) loans increased by 11.06 trillion yuan, and bill financing increased by 2.96 trillion yuan; loans to non-banking financial institutions increased by 125.4 billion yuan. For the month of December, RMB loans saw an increase of 1.4 trillion yuan, up 266.5 billion yuan year on year.

At end-2022, outstanding foreign currency loans registered US$734.8 billion, down 19.5 percent year on year. Foreign currency loans decreased by US$ 177.9 billion in 2022, down US$ 223.6 billion year on year and decreased by US$ 34.2 billion in December, up US$ 1.9 billion year on year.

4. RMB deposits increased by 26.26 trillion yuan and foreign currency deposits increased by US$143 billion in 2022

At end-2022, the outstanding amount of RMB and foreign currency deposits registered 264.45 trillion yuan, increased by 10.8 percent year on year. RMB deposits registered 258.5 trillion yuan, increased by 11.3 percent year on year, down 0.3 percentage point a month earlier and up 2 percentage point year on year.

RMB deposits expanded by 26.26 trillion yuan in 2022, up 6.59 billion yuan year on year. By sector, household deposits increased by 17.84 trillion yuan; deposits of non-financial enterprises increased by 5.09 trillion yuan; fiscal deposits decreased by 58.6 billion yuan; deposits of non-banking financial institutions increased by 1.38 trillion yuan. For the month of December, RMB deposits saw a increased of 724.2 billion yuan, down 440.3 billion yuan year on year.

At end-2022, the outstanding amount of foreign currency deposits was US$853.9 billion, down 14.3 percent year on year. Foreign currency deposits decreased by US$ 143 billion in 2022, down US$ 250.7 billion year on year and decreased by US$8.2 billion in December, up US$ 12.9 billion year on year.

5. The monthly weighted average interbank lending rate for December stood at 1.26 percent and the monthly weighted average interest rate on bond pledged repo stood at 1.41 percent

In 2022, lending, spot trading and bond repo transactions in the interbank RMB market totaled 1798.2 trillion yuan. The average daily turnover was 7.19 trillion yuan, up 30.5 percent year on year. In particular, the average daily turnover of interbank lending increased by 23.6 percent, the average daily turnover of spot trading increased by 26.5 percent and the average daily turnover of bond pledged repo increased by 32.1 percent year on year.

The monthly weighted average interbank lending rate for December stood at 1.26 percent, down 0.29 percentage point a month earlier and 0.76 percentage point year on year. The monthly weighted average interest rate on bond pledged repo registered 1.41 percent, down 0.2 percentage point a month earlier and 0.68 percentage point year on year.

6. Official foreign exchange reserves stood at US$3.13 trillion

At end-2022, China's foreign exchange reserves stood at US$3.13 trillion and the RMB exchange rate was 6.9646 yuan per US dollar.

7. RMB cross-border trade settlement and RMB settlement of direct investment reached 10.51 trillion yuan and 6.76 trillion yuan respectively in 2021

In 2022, RMB settlement in cross-border trade in goods, cross-border trade in services and other current accounts, outward FDI and inward FDI amounted to 7.92 trillion yuan, 2.59 trillion yuan, 1.92 trillion yuan and 4.84 trillion yuan respectively.

Note 1: AFRE (flow) refers to the total volume of financing provided by the financial system to the real economy during a certain period of time. In the calculation of AFRE, data are from the PBC, CBIRC, CSRC, CCDC and NAFMII.

Note 2: Since December 2022, "e-CNY in Circulation" has been covered in Currency in Circulation.The amount of e-CNY in Circulation at end December 2022 is RMB 13.61 billion yuan. After applying the new method, M1 and M2 growth rates remain unchanged, M0 growth rates in 2022 are updated correspondingly:

Date	2022.01	2022.02	2022.03	2022.04	2022.05	2022.06
M0	18.5%	5.8%	10.0%	11.5%	13.5%	13.9%
Date	2022.07	2022.08	2022.09	2022.10	2022.11	2022.12
M0	13.9%	14.3%	13.6%	14.4%	14.1%	15.3%

3.2 景气状况分析：2022 年四季度
Business Climate Analysis: 2022 Q4

企业生产经营状况下行
Downward Trend in Enterprise Production

第 126 次企业家问卷调查①统计显示，2022 年四季度，企业家宏观经济热度指数有所回落。企业经营景气指数继续下降，市场需求持续低迷，企业订单指数下降；企业生产经营放缓，开工水平回落，存货持有意愿弱，下游投资持续收缩。金融对实体经济支持力度稳固，企业融资获得感受指数处于高位，融资成本仍处于下行区间。

企业景气指数 *②为 46.6%，比上季度下降 1.5 个百分点（见企业景气指数趋势图）。

调查的 27 个行业中，企业景气指数高于全国平均水平的有 12 个行业，分别为：（1）石油和天然气开采业；（2）煤炭采选业；（3）医药制造业；（4）食品饮料烟酒制造业；（5）有色金属冶炼及压延加工业；（6）非金属矿采选业；（7）电气机械及家电制造业；（8）仪器仪表业；（9）机械设备制造业；（10）化学原料制品业；（11）电气热的生产和供应业；（12）金属矿采选业。

According to the result of the 126th Entrepreneur's Questionnaire Survey①, in 2022 Q4, the Entrepreneur Macroeconomic Heat Index declined. The Business Climate Index continued to fall, with the market demand remaining sluggish and the business order index experiencing a downturn. Meanwhile, industrial production notably slowed down, with a decline in capacity utilization and a weak inclination towards holding inventory, as well as contracting downstream investment. The financial sector enhanced support for the real economy, with the availability of corporate loans at a high level, and financing costs continued to trend downwards.

The Climate Index of Enterprises*② decreased to 46.6%, down by 1.5 percentage points from the previous quarter (See the tendency chart of enterprises climate index).

The climate indices of 12 industries out of 27 surveyed industries surpassed the national average, which includes: (1) Petroleum and Natural Gas Extraction; (2) Coal Mining and Dressing; (3) Medical and Pharmaceutical Products; (4) Manufacture of Food, Beverage and Tobacco; (5) Smelting and Pressing of Nonferrous Metals; (6) Nonmetals Mining and Dressing; (7) Manufacture of Electrical Machinery and Household Appliances; (8) Instruments and Meters Machinery; (9) Equipment Manufacturing; (10) Raw Chemical Materials and Chemical Products; (11) Power, Gas and Heat Production and Supply; (12) Metals Mining and Dressing.

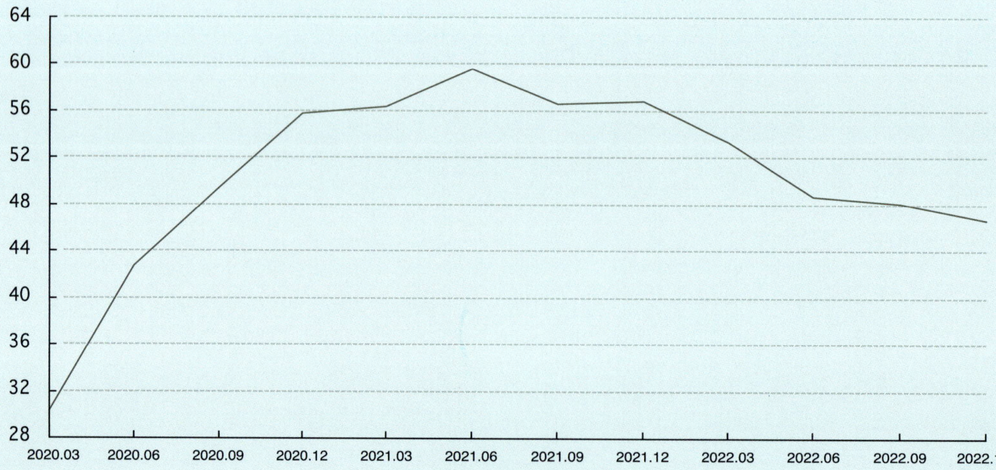

企业景气指数趋势图
The Trend of Climate Index of Enterprises

① 始自 1992 年的中国人民银行企业家问卷调查系统，截至 2022 年四季度已连续进行了 126 次调查。2022 年四季度企业家问卷调查，共汇总有效问卷 5000 余份。
① The PBC Entrepreneurs Questionnaire Survey System started as of 1992 and this is the 126th Questionnaire Survey conducted in 2022 Q4. There are more than 5000 effective questionnaires for this quarter.
② 景气指数又称扩散指数(DI)，是对景气调查中定性指标的量化描述，用于反映该指标所处的状态，以 % 为单位（百分化以后），其数值为 0 ~ 100。一般而言，指数上升可反映企业经营环境在改善，企业家的信心在增强，指数下降则相反。
② Climate Index of Diffusion Index (DI), is a quantitative indicator for qualitative answers to questions in the questionnaire, which is used to explain the status of the qualitative questions. Measured in percent, the index ranges from 0 to 100. Generally speaking, it shows that business condition is improving and entrepreneurs' confidence turns upward when DI ascends, and vice versa.
* 原称“企业总体经营指数”，也称“企业经营景气指数”。
* The former name of the “Climate Index of Enterprises” is the “General Business Condition Index”.

3.3 宏观经济
Macroeconomics

2022 年四季度宏观经济运行监测
China's Macroeconomic Performance in 2022 Q4

2022 年四季度，我国经济顶住压力再上新台阶。宏观经济热度小幅回落，工业生产持续发展，固定资产投资平稳增长，消费基本稳定，进出口较快增长。CPI 温和上涨，财政收入边际改善。

经济顶住压力再上新台阶，宏观经济热度小幅下降。2022 年四季度 GDP 同比增长 2.9%，比上年同期低 1.4 个百分点。企业家宏观经济热度指数为 23.5%，比上季度低 3.4 个百分点，比上年同期低 13.8 个百分点。银行家宏观经济热度指数为 17.4%，比上季度低 2.5 个百分点，比上年同期低 17.9 个百分点。

工业生产持续发展，企业利润小幅下降。2022 年全年，全国规模以上工业增加值同比增长3.6%，比上年同期低6.0个百分点。12月，规模以上工业增加值同比增长 1.3%，环比增长 0.06%。2022 年全年，发电量同比增长 2.2%，比上年同期低 5.9 个百分点；全国规模以上工业企业利润同比下降 4.0%，比上年同期低 38.3 个百分点。

固定资产投资平稳增长，消费基本稳定。2022 年全年，固定资产投资（不含农户）同比增长5.1%，比上年同期高0.2个百分点。其中，基础设施投资（不含电力）同比增长9.4%，比上年同期高9.0个百分点；制造业投资同比增长9.1%，比上年同期低4.4个百分点。2022年全年，社会消费品零售总额同比下降 0.2%，比上年同期低 12.7 个百分点。

进出口较快增长。2022 年全年，进出口总额同比增长 7.7%，比上年同期低 13.5 个百分点。其中，出口同比增长 10.5%，比上年同期低 10.5 个百分点，进口同比增长 4.3%，比上年同期低 17.2 个百分点。贸易顺差 8776.0 亿美元，同比增长 30.9%。

CPI 温和上涨。2022 年全年，CPI 同比上涨 2.0%，增幅比上年同期扩大 1.1 个百分点。12 月，CPI 同比增长 1.8%，增幅比上年同期扩大 0.3 个百分点。

财政收入边际改善，支出增速维持较快增长。2022 年全年，全国财政收入同比增长 0.6%，比上年同期低 10.1 个百分点，其中税收收入同比下降 3.5%，比上年同期低 15.4 个百分点。全国财政支出同比增长 6.1%，比上年同期高 5.8 个百分点。2022 年全年，全国财政收支赤字为 5.69 万亿元，比上年同期多 1.31 万亿元。

在当前形势下，应在稳健货币政策的总基调下，综合运用数量型和价格型货币政策工具调控流动性，密切关注经济形势和就业形势的变化，增强货币政策的灵活性和前瞻性，促进国民经济持续健康发展。

In the fourth quarter of 2022, our country's economy withstood pressure and reached a new level. The macroeconomic growth has slowed down slightly, the industrial production has been continued to develop, the fixed asset investment has grown steadily, the growth of consumption was stable, growth in imports and exports was rapid. Growth in CPI was mild, and the fiscal revenue has improved gradually.

Economy withstood pressure and reached a new level, and the macroeconomic growth has slowed down slightly. GDP in 2022 Q4 growth by 2.9% year on year at constant price, 1.4 percentage points lower than the same period of last year. The Entrepreneur Macroeconomic Heat Index was 23.5%, 3.4 percentage points lower than the previous quarter and 13.8 percentage points lower than the same period of last year. The Banker's Macroeconomic Heat Index was 17.4%, 2.5 percentage points lower than the previous quarter and 17.9 percentage points lower than the same period of last year.

Industrial production has been continued to develop, and the profits of enterprises declined slightly. In 2022, the value added of the industrial enterprises above designated size increased by 3.6% year on year, 6.0 percentage points lower than the same period of last year. In December, the value added of the industrial enterprises above designated size grew by 1.3% year on year, 0.06% month on month. In 2022, power generation increased by 2.2% year on year, 5.9 percentage points lower than the same period of last year. The total profit of industrial enterprises above designated size declined by 4.0% year on year, 38.3 percentage points lower than the same period of last year.

The fixed asset investment has grown steadily, and the growth of consumption was stable. In 2022, fixed asset investment (excluding rural households) increased by 5.1% year on year, 0.2 percentage point higher than the same period of last year. Among them, infrastructure investment (excluding electricity industry) increased by 9.4% year on year, 9.0 percentage points higher than the same period of last year; manufacturing increased by 9.1% year on year, 4.4 percentage points lower than the same period of last year. In 2022, the total retail sales of consumer goods decreased by 0.2% year on year, 12.7 percentage points lower than the same period of last year.

Growth in imports and exports was rapid. In 2022, the total import and export volume increased by 7.7% year on year, 13.5 percentage points lower than the same period of last year, of which export value increased by 10.5% year on year, 10.5 percentage points lower than the same period of last year, and import value increased by 4.3% year on year, 17.2 percentage points lower than the same period of last year. The trade surplus was US$877.60 billion, and increased by 30.9% year on year.

The growth of CPI was mild. In 2022, CPI increased by 2.0% year on year, 1.1 percentage points higher than the same period of last year. The CPI in December increased by 1.8% year on year, 0.3 percentage point higher than the same period of last year.

The fiscal revenue has improved gradually, and the growth in fiscal expenditure was continually improving. In 2022, national fiscal revenue increased by 0.6% year on year, 10.1 percentage points lower than the same period of last year, of which tax revenue decreased by 3.5% year on year, 15.4 percentage points lower than the same period of last year. Fiscal expenditure increased by 6.1% year on year, which was 5.8 percentage points higher than the same period of last year. Fiscal deficit was 5.69 trillion yuan in 2022, 1.31 trillion yuan more than the same period of last year.

Against the background, the PBC should continue its sound monetary policy, use appropriate pricing and quantity tools for monetary policy, pay close attention to changes in economy and employment, enhanced flexibility and forward-looking of the monetary policy, in order to realize the sustainable and health development of national economy.

4.1 全国银行间同业拆借交易统计表
Statistics of Interbank Lending

单位：亿元，%
Unit: 100 Million Yuan，%

时间 Time	1天 1-day		7天 7-day		14天 14-day	
	交易量 Trading Volume	加权平均利率 Weighted Average Interest Rate	交易量 Trading Volume	加权平均利率 Weighted Average Interest Rate	交易量 Trading Volume	加权平均利率 Weighted Average Interest Rate
2015	539953		76974		15305	
2016	839763		92765		12771	
2017	679807		80521		12750	
2018	1255458		102943		12881	
2019	1386203		100603		11898	
2020.01	90053	1.88	6772	3.00	1272	2.84
2020.02	57690	1.63	10234	2.69	884	2.67
2020.03	140449	1.31	10539	2.28	1105	1.96
2020.04	175936	1.05	11278	1.93	1471	1.54
2020.05	135179	1.19	9882	1.98	557	1.60
2020.06	111455	1.79	9771	2.36	787	2.26
2020.07	121028	1.83	10391	2.46	1041	2.26
2020.08	104086	1.98	8243	2.55	827	2.45
2020.09	118055	1.70	8618	2.60	2315	2.89
2020.10	66318	2.05	7541	2.68	497	2.76
2020.11	86663	1.88	8833	2.67	482	2.77
2020.12	120371	1.15	10993	2.50	954	2.61
2021.01	86058	1.66	8458	2.71	935	2.70
2021.02	63844	1.94	7930	2.64	1603	2.69
2021.03	109142	1.95	8989	2.51	491	2.41
2021.04	90299	1.94	9389	2.44	681	2.37
2021.05	82386	2.04	8201	2.38	476	2.32
2021.06	86677	2.07	7915	2.57	609	2.68
2021.07	97460	2.03	8934	2.45	578	2.39
2021.08	90450	2.03	7957	2.44	1162	2.31
2021.09	78213	2.09	9061	2.54	1297	2.76
2021.10	66579	1.98	7000	2.45	466	2.47
2021.11	100606	1.98	8563	2.44	515	2.40
2021.12	108439	1.95	11552	2.43	850	2.77
2022.01	97045	1.94	9439	2.42	2527	2.43
2022.02	77621	2.01	7770	2.39	437	2.25
2022.03	91871	2.01	11631	2.37	970	2.35
2022.04	94813	1.54	12421	2.06	979	2.03
2022.05	107234	1.44	11626	1.89	801	1.84
2022.06	125798	1.51	10779	1.98	707	1.87
2022.07	133486	1.30	11223	1.80	596	1.77
2022.08	160258	1.19	11793	1.67	711	1.54
2022.09	134353	1.35	10765	1.90	2616	2.04
2022.10	95837	1.33	10370	1.97	955	1.83
2022.11	91389	1.49	10869	1.98	671	2.01
2022.12	99601	1.13	11536	2.10	889	2.41

4.1 全国银行间同业拆借交易统计表 Statistics of Interbank Lending

单位：亿元，%
Unit: 100 Million Yuan，%

时间 Time	21天 21-day		1个月 1-month		2个月 2-month	
	交易量 Trading Volume	加权平均利率 Weighted Average Interest Rate	交易量 Trading Volume	加权平均利率 Weighted Average Interest Rate	交易量 Trading Volume	加权平均利率 Weighted Average Interest Rate
2015	1372		4243		1006	
2016	2209		4463		2129	
2017	3126		5079		5063	
2018	4141		5038		4205	
2019	2628		4562		3614	
2020.01	346	2.94	719	2.85	88	3.62
2020.02	80	2.67	532	2.91	336	3.32
2020.03	152	2.06	536	2.53	116	3.00
2020.04	163	1.78	470	1.71	240	1.91
2020.05	87	1.54	597	1.64	94	2.02
2020.06	115	2.48	502	2.23	198	2.60
2020.07	63	2.43	756	2.37	168	2.49
2020.08	109	2.50	1229	2.45	90	2.98
2020.09	412	2.93	567	2.92	174	3.35
2020.10	78	2.84	373	2.94	192	3.30
2020.11	103	3.11	421	2.93	677	3.22
2020.12	79	2.89	405	3.31	705	2.99
2021.01	47	2.88	346	2.82	241	3.54
2021.02	303	2.96	198	3.06	165	3.58
2021.03	126	2.59	238	3.27	95	3.45
2021.04	92	2.64	254	3.23	119	3.32
2021.05	92	2.66	226	3.03	79	3.58
2021.06	87	2.63	285	3.19	145	3.30
2021.07	70	2.53	253	3.00	191	2.93
2021.08	94	2.40	261	2.91	131	2.95
2021.09	228	2.68	284	2.94	255	3.12
2021.10	65	2.75	242	3.14	122	3.27
2021.11	210	2.37	198	3.05	122	3.18
2021.12	261	2.59	264	3.18	198	3.15
2022.01	192	2.52	496	2.63	481	2.59
2022.02	102	2.28	337	2.54	147	2.85
2022.03	112	2.38	566	2.51	142	2.90
2022.04	150	2.27	229	2.58	160	2.68
2022.05	107	1.89	278	2.32	130	2.42
2022.06	142	1.89	206	2.14	261	2.15
2022.07	97	1.85	197	2.04	99	2.00
2022.08	57	1.53	287	1.72	54	1.85
2022.09	347	1.85	251	1.98	376	1.87
2022.10	187	1.75	368	2.02	102	2.10
2022.11	139	2.05	231	2.09	141	2.43
2022.12	103	2.43	331	2.60	218	2.58

4.1 全国银行间同业拆借交易统计表
Statistics of Interbank Lending

单位：亿元，%
Unit: 100 Million Yuan，%

时间 Time	3个月 3-month		4个月 4-month		6个月 6-month	
	交易量 Trading Volume	加权平均利率 Weighted Average Interest Rate	交易量 Trading Volume	加权平均利率 Weighted Average Interest Rate	交易量 Trading Volume	加权平均利率 Weighted Average Interest Rate
2015	2445		120		146	
2016	3477		263		510	
2017	2180		475		377	
2018	5136		1214		996	
2019	5011		664		473	
2020.01	461	3.56	28	3.79	38	4.01
2020.02	339	3.60	37	3.71	150	2.83
2020.03	430	3.26	39	3.58	66	3.15
2020.04	438	2.93	16	2.91	154	1.85
2020.05	519	2.41	7	2.18	71	1.82
2020.06	293	3.22	15	2.82	48	3.16
2020.07	473	3.37	10	2.85	53	2.93
2020.08	368	3.49	15	2.96	9	3.20
2020.09	292	3.75	12	3.47	65	3.46
2020.10	379	3.89	6	3.34	89	3.85
2020.11	418	3.76	18	3.71	43	3.52
2020.12	520	3.84	114	3.51	57	3.92
2021.01	394	3.80	43	3.66	62	3.56
2021.02	367	3.64	106	3.84	139	3.13
2021.03	421	4.04	112	3.35	72	3.40
2021.04	485	3.69	13	3.80	94	3.74
2021.05	413	3.71	9	2.95	24	3.28
2021.06	477	3.83	13	3.21	55	3.47
2021.07	638	3.45	15	3.13	28	3.43
2021.08	512	3.42	21	3.43	44	2.97
2021.09	504	3.55	15	4.15	19	3.32
2021.10	613	3.34	13	3.21	37	3.28
2021.11	602	3.48	16	3.47	54	3.33
2021.12	752	3.43	44	3.99	81	3.53
2022.01	519	3.32	34	3.70	64	3.50
2022.02	485	3.20	65	3.72	30	3.17
2022.03	714	3.17	9	3.07	40	3.26
2022.04	565	2.99	15	3.24	53	3.23
2022.05	574	2.81	7	2.70	38	2.93
2022.06	596	2.76	12	2.80	43	3.16
2022.07	512	2.79	22	2.49	52	2.85
2022.08	417	2.50	13	2.24	40	2.84
2022.09	535	2.36	26	2.77	30	2.65
2022.10	525	2.43	6	2.37	25	2.76
2022.11	570	2.68	9	3.14	22	2.92
2022.12	673	2.79	42	3.16	35	3.04

4.1 全国银行间同业拆借交易统计表
Statistics of Interbank Lending

单位：亿元，%
Unit: 100 Million Yuan，%

时间 Time	9个月 9-month		1年 1-year		交易量合计 Trading Volume	加权平均利率 Weighted Average Interest Rate
	交易量 Trading Volume	加权平均利率 Weighted Average Interest Rate	交易量 Trading Volume	加权平均利率 Weighted Average Interest Rate		
2015	17		553		642135	
2016	259		522		959131	
2017	103		329		789811	
2018	323		653		1392987	
2019	180		538		1516374	
2020.01	9	3.70	28	3.92	99814	1.99
2020.02	9	3.80	31	3.96	70323	1.83
2020.03	29	3.58	53	3.61	153514	1.40
2020.04	163	2.09	188	2.02	190517	1.11
2020.05	17	2.51	31	2.90	147042	1.25
2020.06	18	2.60	39	3.04	123241	1.85
2020.07	7	2.82	17	3.36	134008	1.90
2020.08	8	3.32	13	3.70	114997	2.04
2020.09	3	3.35	20	3.55	130532	1.80
2020.10	8	3.40	16	3.75	75497	2.13
2020.11	13	3.47	23	3.89	97693	1.98
2020.12	10	4.03	41	4.03	134248	1.30
2021.01	17	3.48	31	3.65	96629	1.78
2021.02	29	3.23	33	3.73	74717	2.06
2021.03	26	3.50	25	3.73	119736	2.00
2021.04	26	3.90	35	3.65	101485	2.01
2021.05	19	3.75	42	3.74	91967	2.09
2021.06	22	3.25	33	3.43	96317	2.13
2021.07	8	2.85	17	3.66	108191	2.08
2021.08	2	3.51	16	3.53	100650	2.08
2021.09	3	3.39	27	3.69	89906	2.16
2021.10	10	3.27	8	3.79	75154	2.04
2021.11	10	3.37	38	3.67	110933	2.03
2021.12	13	3.48	68	3.78	122521	2.02
2022.01	22	3.44	54	3.72	110874	2.01
2022.02	16	3.42	24	3.49	87033	2.06
2022.03	20	3.31	40	3.39	106115	2.07
2022.04	23	3.36	24	3.45	109430	1.62
2022.05	11	3.15	30	3.25	120836	1.50
2022.06	11	3.32	43	3.06	138600	1.56
2022.07	21	3.15	57	3.09	146362	1.35
2022.08	5	2.75	36	3.02	173673	1.23
2022.09	7	2.72	21	2.70	149328	1.41
2022.10	3	2.40	20	2.88	108398	1.41
2022.11	14	2.84	32	2.98	104087	1.55
2022.12	5	3.21	48	3.40	113480	1.26

4.2 全国银行间质押式回购交易统计表
Statistics of Interbank Pledged Repo

单位：亿元，%
Unit: 100 Million Yuan，%

时间 Time	1天 1-day		7天 7-day		14天 14-day	
	交易量 Trading Volume	加权平均利率 Weighted Average Interest Rate	交易量 Trading Volume	加权平均利率 Weighted Average Interest Rate	交易量 Trading Volume	加权平均利率 Weighted Average Interest Rate
2015	3700895		461541		114361	
2016	4861135		618755		138334	
2017	4747267		763744		236560	
2018	5782657		860144		244165	
2019	6901147		785310		238267	
2020.01	480093	1.91	56664	2.70	30394	2.96
2020.02	390431	1.61	81360	2.42	21525	2.55
2020.03	792562	1.34	83982	2.07	22668	2.09
2020.04	902896	1.04	84987	1.60	26195	1.67
2020.05	749143	1.24	82192	1.67	14914	1.67
2020.06	650030	1.81	91967	2.19	25440	2.66
2020.07	740881	1.86	91873	2.25	15711	2.35
2020.08	717353	2.01	86960	2.38	14335	2.47
2020.09	750386	1.77	85481	2.33	46405	3.15
2020.10	471212	2.13	81124	2.62	17046	2.72
2020.11	612542	1.92	87557	2.65	18468	2.86
2020.12	813185	1.14	89931	2.47	27238	2.98
2021.01	686655	1.93	89942	2.85	16527	2.82
2021.02	412544	1.97	75485	2.37	29025	2.79
2021.03	754862	1.95	97227	2.26	19507	2.50
2021.04	710546	1.91	103214	2.15	26663	2.33
2021.05	632564	2.04	96710	2.18	13725	2.34
2021.06	730457	2.09	110390	2.55	21617	2.70
2021.07	827501	2.04	100921	2.28	14637	2.38
2021.08	809143	2.05	104775	2.25	15778	2.32
2021.09	716398	2.09	118572	2.33	49424	3.04
2021.10	603799	1.99	96698	2.29	11370	2.44
2021.11	941421	2.02	117505	2.33	15075	2.42
2021.12	960064	1.97	113644	2.67	34665	3.35
2022.01	846498	1.97	86004	2.29	51645	2.60
2022.02	699000	2.03	79463	2.25	12936	2.30
2022.03	901299	2.01	126666	2.41	29236	2.65
2022.04	865921	1.53	138386	1.96	26370	2.08
2022.05	958624	1.42	131075	1.77	18733	1.86
2022.06	1099915	1.52	124051	1.93	23262	2.01
2022.07	1173846	1.29	120494	1.67	14406	1.77
2022.08	1359053	1.20	138566	1.57	17497	1.63
2022.09	1137677	1.36	99182	1.67	68720	2.64
2022.10	853700	1.40	95913	1.90	15844	1.86
2022.11	1004590	1.55	146505	1.96	20196	2.04
2022.12	975845	1.18	137003	2.45	33635	3.29

4.2 全国银行间质押式回购交易统计表
Statistics of Interbank Pledged Repo

单位：亿元，%
Unit: 100 Million Yuan，%

时间 Time	21天 21-day		1个月 1-month		2个月 2-month	
	交易量 Trading Volume	加权平均利率 Weighted Average Interest Rate	交易量 Trading Volume	加权平均利率 Weighted Average Interest Rate	交易量 Trading Volume	加权平均利率 Weighted Average Interest Rate
2015	11337		18661		5372	
2016	21404		23673		7801	
2017	56307		36925		27043	
2018	125046		41939		21303	
2019	104249		43621		17956	
2020.01	11416	3.22	7768	3.01	777	3.36
2020.02	7829	2.78	2094	2.89	1599	3.00
2020.03	9361	2.54	3481	2.39	492	2.73
2020.04	9052	2.11	3493	1.76	797	2.03
2020.05	8179	1.99	2276	1.73	607	1.90
2020.06	8763	2.18	3943	2.35	502	2.62
2020.07	8248	2.11	2375	2.48	602	2.70
2020.08	8056	2.19	2163	2.55	183	3.16
2020.09	15780	3.06	8256	2.83	2161	3.07
2020.10	4944	2.50	2237	2.87	241	3.14
2020.11	7007	2.76	3203	2.87	558	3.13
2020.12	9239	3.02	5886	3.13	1584	3.28
2021.01	5497	2.89	5644	2.99	1569	2.93
2021.02	9116	3.03	3471	3.05	1026	2.99
2021.03	6964	2.78	3757	2.72	723	2.95
2021.04	5901	2.62	2556	2.56	958	2.59
2021.05	3820	2.51	2346	2.46	455	2.63
2021.06	5186	2.61	3438	2.58	604	2.79
2021.07	4134	2.53	3264	2.47	241	2.80
2021.08	4418	2.48	3068	2.38	521	2.55
2021.09	10493	2.83	6182	2.63	1712	2.59
2021.10	3666	2.51	1956	2.56	380	2.68
2021.11	4405	2.47	2396	2.46	513	2.58
2021.12	6503	2.86	4685	2.89	1287	2.90
2022.01	8378	2.57	5997	2.60	2069	2.59
2022.02	2243	2.41	1836	2.41	834	2.50
2022.03	5211	2.49	4410	2.50	666	2.60
2022.04	4033	2.19	2947	2.31	368	2.57
2022.05	2381	2.04	2543	2.05	567	2.21
2022.06	3823	1.98	3418	2.01	438	2.18
2022.07	2024	1.86	2683	1.88	463	2.01
2022.08	2310	1.68	2714	1.65	573	1.78
2022.09	13951	2.17	5087	1.93	1585	1.89
2022.10	2226	1.79	2399	1.85	408	2.01
2022.11	2080	1.97	3673	2.01	625	2.13
2022.12	8214	2.86	5318	2.78	1218	2.89

4.2 全国银行间质押式回购交易统计表
Statistics of Interbank Pledged Repo

单位：亿元，%
Unit: 100 Million Yuan，%

时间 Time	3个月 3-month		4个月 4-month		6个月 6-month	
	交易量 Trading Volume	加权平均利率 Weighted Average Interest Rate	交易量 Trading Volume	加权平均利率 Weighted Average Interest Rate	交易量 Trading Volume	加权平均利率 Weighted Average Interest Rate
2015	10193		768		849	
2016	9346		679		743	
2017	8445		3533		1694	
2018	7699		2887		655	
2019	5961		2764		1333	
2020.01	99	3.67	11	3.48	78	3.01
2020.02	902	2.98	167	3.26	251	2.78
2020.03	436	2.55	106	2.53	184	3.17
2020.04	522	2.32	166	2.60	62	2.24
2020.05	301	2.13	23	2.10	220	2.31
2020.06	357	2.54	275	2.33	76	2.33
2020.07	106	2.76	54	2.76	65	2.73
2020.08	189	2.97	70	2.87	22	2.92
2020.09	229	2.99	187	2.86	45	3.43
2020.10	150	3.18	15	3.51	9	3.76
2020.11	113	3.56	100	3.55	24	3.54
2020.12	186	3.33	256	3.31	99	3.41
2021.01	234	3.01	57	2.68	7	3.19
2021.02	75	3.25	79	3.15	17	3.32
2021.03	162	3.07	88	2.92	46	3.07
2021.04	209	2.82	159	2.75	21	2.84
2021.05	78	2.84	20	2.71	18	2.81
2021.06	82	2.93	32	2.81	17	2.74
2021.07	129	2.82	78	2.62	79	2.69
2021.08	81	2.86	11	2.73	10	2.70
2021.09	112	2.77	9	2.55	—	—
2021.10	51	2.72	13	2.85	21	3.05
2021.11	135	2.94	43	2.80	20	2.97
2021.12	139	3.08	72	2.81	5	3.01
2022.01	82	3.05	27	2.63	11	2.52
2022.02	128	2.66	46	2.49	20	2.55
2022.03	285	2.58	42	2.49	0	4.50
2022.04	220	2.50	5	2.91	9	3.68
2022.05	245	2.23	25	2.17	14	2.11
2022.06	156	2.27	20	2.42	45	2.23
2022.07	321	2.07	179	2.08	22	2.15
2022.08	316	1.90	1	1.53	23	1.92
2022.09	381	1.82	11	2.16	5	2.10
2022.10	249	2.02	21	2.03	—	—
2022.11	336	2.37	181	2.34	44	2.55
2022.12	373	2.70	283	2.59	46	2.86

4.2 全国银行间质押式回购交易统计表
Statistics of Interbank Pledged Repo

单位：亿元，%
Unit: 100 Million Yuan，%

时间 Time	9个月 9-month		1年 1-year		交易量合计 Trading Volume	加权平均利率 Weighted Average Interest Rate
	交易量 Trading Volume	加权平均利率 Weighted Average Interest Rate	交易量 Trading Volume	加权平均利率 Weighted Average Interest Rate		
2015	60		73		4324109	
2016	84		740		5682693	
2017	777		309		5882606	
2018	151		81		7086726	
2019	216		62		8100887	
2020.01	107	3.00	3	3.87	587411	2.08
2020.02	1	3.85	13	3.65	506171	1.81
2020.03	40	2.61	12	2.62	913322	1.44
2020.04	203	2.58	28	1.76	1028400	1.11
2020.05	40	2.29	193	1.71	858088	1.29
2020.06	—	—	38	2.23	781391	1.89
2020.07	2	2.80	2	2.76	859919	1.91
2020.08	7	2.97	—	—	829339	2.06
2020.09	7	3.05	10	3.11	908947	1.93
2020.10	—	—	1	5.43	576980	2.22
2020.11	7	3.65	2	6.51	729579	2.05
2020.12	7	3.31	—	—	947612	1.36
2021.01	3	2.98	—	—	806136	2.07
2021.02	1	3.30	2	3.40	530839	2.10
2021.03	3	3.30	1	3.20	883338	2.01
2021.04	1	3.10	1	3.05	850230	1.96
2021.05	2	3.15	3	3.42	749741	2.07
2021.06	1	2.99	2	3.30	871827	2.17
2021.07	17	2.73	42	3.07	951043	2.08
2021.08	67	2.82	8	3.71	937878	2.08
2021.09	2	2.19	5	3.28	902909	2.19
2021.10	1	3.50	—	—	717954	2.04
2021.11	28	2.82	2	3.08	1081543	2.06
2021.12	0	4.50	9	3.45	1121074	2.09
2022.01	—	—	1	3.50	1000714	2.04
2022.02	0	2.50	2	2.80	796508	2.06
2022.03	—	—	4	2.77	1067819	2.08
2022.04	10	2.70	23	2.67	1038291	1.61
2022.05	7	2.41	62	2.62	1114275	1.47
2022.06	35	2.33	3	2.30	1255165	1.57
2022.07	35	2.23	2	3.03	1314474	1.33
2022.08	4	1.97	1	3.10	1521059	1.24
2022.09	—	—	1	2.25	1326601	1.46
2022.10	1	2.13	1	2.85	970760	1.46
2022.11	4	2.58	1	2.65	1178236	1.61
2022.12	6	2.97	5	2.70	1161947	1.41

4.3 国内各类债券发行统计表
Statistics of Debt Securities Issue

单位：亿元
Unit: 100 Million Yuan

时间 Time	政府债券 Government Securities	中央银行票据 Central Bank Bills	金融债券 Financial Bonds	公司信用类债券 Corporate Debenture Bonds	各类债券合计 Total
2018	78278	0	274056	77905	430959
2019	85187	0	259360	107058	452073
2020.01	9551	0	11433	9411	30449
2020.02	6329	0	22792	8080	37212
2020.03	7575	0	28612	16861	53121
2020.04	7234	0	23422	17304	48050
2020.05	19798	0	19967	9209	49024
2020.06	9715	0	21572	11212	42616
2020.07	11728	0	26049	9724	47566
2020.08	17657	0	29539	12808	60029
2020.09	15071	0	28721	12531	56343
2020.10	12260	0	24867	11714	48842
2020.11	8773	0	27582	11789	48174
2020.12	9601	0	26981	11370	47971
2021.01	9363	0	21686	13179	44249
2021.02	4287	0	23630	6603	34525
2021.03	9658	0	36464	16668	62955
2021.04	12717	0	30587	15107	58486
2021.05	12511	0	25521	6476	44568
2021.06	12961	0	24183	12316	49599
2021.07	12900	0	27207	12033	52191
2021.08	15444	0	27768	14435	57722
2021.09	13238	0	21177	12198	46733
2021.10	14956	0	22529	10142	47689
2021.11	13798	0	35447	14193	63485
2021.12	10828	0	27317	13454	51636
2022.01	11649	0	19503	14909	46146
2022.02	9871	0	26652	7911	44508
2022.03	12786	0	32531	14374	59771
2022.04	10502	0	26138	13602	50278
2022.05	17693	0	23550	7712	49052
2022.06	24377	0	29135	11646	65295
2022.07	14599	0	22372	11604	48609
2022.08	14290	0	25713	12505	52632
2022.09	12316	0	27904	11328	51632
2022.10	14959	0	19758	11226	45989
2022.11	12002	0	27976	10843	50847
2022.12	15676	0	24963	9059	49699

注：公司信用类债券包括非金融企业债务融资工具、企业债券及公司债、可转债等。自 2015 年起，金融债券数据中包含同业存单数据。

Note: Corporate debenture bonds include non-financial enterprise financing instruments, enterprise bonds, corporate bonds, convertible bonds, etc.. NCDs have been included in financial bonds since 2015.

4.4 国内各类债券余额统计表
Statistics of Debt Securities Outstanding

单位：亿元
Unit: 100 Million Yuan

时间 Time	政府债券 Government Securities	中央银行票据 Central Bank Bills	金融债券 Financial Bonds	公司信用类债券 Corporate Debenture Bonds	国际机构债券 International Institution Bonds	各类债券合计 Total
2018	330069	0	322585	205603	1550	859807
2019	377273	220	364622	246176	1659	989950
2020.01	384886	220	365126	251711	1714	1003657
2020.02	386709	195	366657	254670	1714	1009946
2020.03	393053	185	370225	264260	1761	1029484
2020.04	396410	175	373175	273266	1806	1044832
2020.05	407772	175	373792	277636	1793	1061168
2020.06	415223	150	378317	281820	1858	1077367
2020.07	420682	150	387237	283770	1780	1093619
2020.08	434470	150	396511	285579	1725	1118436
2020.09	444586	150	402155	288042	1715	1136648
2020.10	449517	150	403877	289121	1695	1144360
2020.11	453517	150	410254	289721	1608	1155250
2020.12	460911	150	415080	289472	1588	1167200
2021.01	463432	150	418212	291831	1525	1175149
2021.02	464449	150	421634	293257	1475	1180964
2021.03	467694	150	432755	296087	1524	1198210
2021.04	471432	150	437519	298054	1537	1208693
2021.05	478234	150	442361	296991	1514	1219249
2021.06	485915	150	445063	300676	1604	1233407
2021.07	487735	150	449943	303292	1562	1242682
2021.08	497767	150	457729	306916	1572	1264135
2021.09	506709	150	460540	308008	1633	1277040
2021.10	512912	150	466914	308769	1610	1290355
2021.11	521070	150	478678	312355	1561	1313815
2021.12	532744	150	482241	314477	1494	1331106
2022.01	538770	150	484186	320456	1549	1345111
2022.02	541492	150	493401	323380	1594	1360016
2022.03	548566	150	499099	325876	1584	1375275
2022.04	552613	150	496788	328385	1571	1379507
2022.05	563195	150	495741	327986	1613	1388685
2022.06	579411	150	503046	329730	1670	1414007
2022.07	583409	150	500633	330004	1660	1415856
2022.08	586754	150	502587	329551	1704	1420747
2022.09	592337	150	512826	329141	1773	1436228
2022.10	595129	150	511789	330116	1798	1438981
2022.11	601662	150	509513	329385	1738	1442448
2022.12	604602	150	515874	323177	1601	1445404

注：本表含在境内发行的美元债券，公司信用类债券包括非金融企业债务融资工具、企业债券及公司债、可转债等。自 2015 年起，金融债券数据中包含同业存单数据。

Note: The sheet include the dollar bonds issued in the territory. Corporate debenture bonds include non-financial enterprise financing instruments, enterprise bonds, corporate bonds, convertible bonds, etc.. NCDs have been included in financial bonds since 2015.

4.5 人民币汇率统计表
Statistics of Exchange Rate

单位：外币／元人民币
Unit: USD，HKD，100 JPY and EURO/RMB

时间 Time	美元 USD		港元 HKD	
	平均汇率（美元／人民币）Average Exchange Rate (USD/RMB)	期末汇率（美元／人民币）End-of-period Exchange Rate (USD/RMB)	平均汇率（港元／人民币）Average Exchange Rate (HKD/RMB)	期末汇率（港元／人民币）End-of-period Exchange Rate (HKD/RMB)
2015		6.4936		0.8378
2016		6.9370		0.8945
2017		6.5342		0.8359
2018		6.8632		0.8762
2019		6.9762		0.8958
2020.01	6.9172	6.8876	0.8897	0.8859
2020.02	6.9923	7.0066	0.8994	0.8987
2020.03	7.0119	7.0851	0.9029	0.9137
2020.04	7.0686	7.0571	0.9119	0.9106
2020.05	7.0986	7.1316	0.9157	0.9199
2020.06	7.0867	7.0795	0.9144	0.9134
2020.07	7.0088	6.9848	0.9042	0.9013
2020.08	6.9346	6.8605	0.8948	0.8852
2020.09	6.8148	6.8101	0.8793	0.8787
2020.10	6.7111	6.7232	0.8659	0.8672
2020.11	6.6088	6.5782	0.8524	0.8487
2020.12	6.5423	6.5249	0.8439	0.8416
2021.01	6.4771	6.4709	0.8354	0.8346
2021.02	6.4602	6.4713	0.8333	0.8345
2021.03	6.5066	6.5713	0.8380	0.8452
2021.04	6.5204	6.4672	0.8393	0.8331
2021.05	6.4316	6.3682	0.8282	0.8204
2021.06	6.4228	6.4601	0.8275	0.8321
2021.07	6.4741	6.4602	0.8332	0.8312
2021.08	6.4772	6.4679	0.8321	0.8307
2021.09	6.4599	6.4854	0.8304	0.8331
2021.10	6.4192	6.3907	0.8253	0.8216
2021.11	6.3953	6.3794	0.8210	0.8179
2021.12	6.3700	6.3757	0.8168	0.8176
2022.01	6.3588	6.3746	0.8161	0.8182
2022.02	6.347	6.3222	0.8137	0.8093
2022.03	6.3457	6.3482	0.8112	0.8110
2022.04	6.4280	6.6177	0.8197	0.8434
2022.05	6.7071	6.6607	0.8545	0.8487
2022.06	6.6991	6.7114	0.8536	0.8552
2022.07	6.7324	6.7437	0.8578	0.8591
2022.08	6.7949	6.8906	0.8660	0.8779
2022.09	6.9621	7.0998	0.8870	0.9044
2022.10	7.1287	7.1768	0.9082	0.9143
2022.11	7.1628	7.1769	0.9146	0.9187
2022.12	6.9833	6.9646	0.8968	0.8933

注：本表汇率为中国外汇交易中心对外公布的人民币汇率中间价。
Note: The exchange rate is the CNY central parity rate released by the China Foreign Exchange Trade System.

4.5 人民币汇率统计表 Statistics of Exchange Rate

单位：外币／元人民币
Unit: USD，HKD，100 JPY and EURO/RMB

时间 Time	日元 JPY		欧元 EURO	
	平均汇率（100 日元／人民币）Average Exchange Rate (100 JPY/RMB)	期末汇率（100 日元／人民币）End-of-period Exchange Rate (100 JPY/RMB)	平均汇率（欧元／人民币）Average Exchange Rate (EURO/RMB)	期末汇率（欧元／人民币）End-of-period Exchange Rate (EURO/RMB)
2015		5.3875		7.0952
2016		5.9591		7.3068
2017		5.7883		7.8023
2018		6.1887		7.8473
2019		6.4086		7.8155
2020.01	6.3255	6.2742	7.7022	7.6400
2020.02	6.3548	6.3919	7.6272	7.7059
2020.03	6.5244	6.5544	7.7596	7.8088
2020.04	6.5586	6.6195	7.6885	7.6744
2020.05	6.6167	6.6225	7.7313	7.8970
2020.06	6.5841	6.5808	7.9772	7.9610
2020.07	6.5605	6.6726	8.0260	8.2882
2020.08	6.5387	6.4957	8.1986	8.1649
2020.09	6.4508	6.4429	8.0378	7.9941
2020.10	6.3823	6.4268	7.9009	7.8463
2020.11	6.3280	6.3181	7.8152	7.8719
2020.12	6.3019	6.3236	7.9547	8.0250
2021.01	6.2457	6.2021	7.8853	7.8404
2021.02	6.1324	6.0831	7.8096	7.8686
2021.03	5.9927	5.9554	7.7516	7.7028
2021.04	5.9809	5.9382	7.8025	7.8397
2021.05	5.8924	5.7939	7.8174	7.7616
2021.06	5.8325	5.8428	7.7416	7.6862
2021.07	5.8697	5.9013	7.6542	7.6791
2021.08	5.8972	5.8822	7.6235	7.6303
2021.09	5.8641	5.7929	7.6102	7.5247
2021.10	5.6484	5.6251	7.4470	7.4643
2021.11	5.6016	5.6046	7.3004	7.2063
2021.12	5.5926	5.5415	7.1991	7.2197
2022.01	5.5362	5.5247	7.2042	7.1030
2022.02	5.5024	5.4663	7.1990	7.0659
2022.03	5.3561	5.1965	6.9900	7.0847
2022.04	5.0833	5.0616	6.9456	6.9531
2022.05	5.2136	5.2102	7.0977	7.1747
2022.06	4.998	4.9136	7.0791	7.0084
2022.07	4.9222	5.0154	6.8628	6.8739
2022.08	5.0299	4.9800	6.8831	6.9224
2022.09	4.8921	4.9276	6.9160	6.9892
2022.10	4.8396	4.8750	7.0284	7.1703
2022.11	5.0263	5.1723	7.2948	7.4129
2022.12	5.1684	5.2358	7.3872	7.4229

注：本表汇率为中国外汇交易中心对外公布的人民币汇率中间价。
Note: The exchange rate is the CNY central parity rate released by the China Foreign Exchange Trade System.

4.6 国内股票市场统计表
Statistics of Stock Market

时间 Time	股票筹资额（亿元）Equity Financing (100 Million Yuan)	成交金额（亿元）Turnover of Trading (100 Million Yuan)	期末总股本（亿股）Volume Issued at the End of Period (100 Million Shares)	期末市价总值（亿元）Total Market Capitalization at the End of Period (100 Million Yuan)	期末上市公司数（家）Number of Listed Company at the End of Period	期末收盘指数 (Index)	
						上证综合指数 Shanghai Stock Exchange Composite Index	深证成分指数 Shenzhen Stock Exchange Componet Index
2015	11321	2550538	43015	531304	2827	3539	12665
2016	14510	1273845	48750	507686	3052	3104	10177
2017	11755	1124625	53747	567086	3485	3307	11040
2018	6827	901739	57581	434924	3584	2494	7240
2019	6863	1274159	61720	592935	3777	3050	10431
2020.01	704	112290	62347	597180	3792	2977	10682
2020.02	447	196723	62451	596640	3813	2880	10981
2020.03	252	191003	62625	562854	3826	2750	9962
2020.04	596	131838	62930	593994	3850	2860	10722
2020.05	433	112487	63236	600110	3868	2852	10746
2020.06	907	145230	63852	648774	3893	2985	11992
2020.07	1684	301963	64132	738175	3938	3310	13638
2020.08	1850	222966	64296	759475	3990	3396	13758
2020.09	1353	169872	64598	721687	4056	3218	12907
2020.10	1060	119702	64598	735808	4082	3225	13237
2020.11	1076	175769	65010	769523	4101	3392	13670
2020.12	1206	188411	65456	797238	4154	3473	14471
2021.01	1525	218714	65652	801629	4186	3483	14822
2021.02	794	144719	65886	800790	4214	3509	14507
2021.03	1084	185959	66026	783730	4248	3442	13779
2021.04	926	158610	66236	803272	4302	3447	14439
2021.05	882	159055	66696	850519	4338	3615	14996
2021.06	1367	209109	67592	863734	4386	3591	15162
2021.07	979	264886	67860	830435	4428	3397	14473
2021.08	1661	293352	68954	867317	4467	3544	14328
2021.09	847	274232	69434	866926	4506	3568	14309
2021.10	959	162528	69598	867256	4537	3547	14451
2021.11	1545	250029	69863	897565	4570	3564	14796
2021.12	2176	258541	70694	916088	4615	3640	14857
2022.01	1529	200638	71070	839227	4644	3361	13328
2022.02	849	150588	71228	864808	4659	3462	13456
2022.03	959	233783	71356	805107	4693	3252	12118
2022.04	1237	167622	71550	738999	4726	3047	11021
2022.05	520	159545	71768	780858	4736	3186	11528
2022.06	579	231962	71941	848266	4731	3399	12896
2022.07	1553	211460	72099	825899	4752	3253	12267
2022.08	1331	231756	47038	811626	4799	3202	11816
2022.09	1342	153261	72599	759842	4841	3024	10779
2022.10	946	127023	72690	740289	4865	2893	10397
2022.11	799	204202	72867	800976	4889	3151	11109
2022.12	1538	173256	73312	788006	4917	3089	11016

5.1 中央银行基准利率
Benchmark Interest Rates of Central Bank

单位：%（年利率）
Unit: % p.a.

项目／日期	Items/Date	2002.02.21	2003.12.21	2004.03.25	2005.03.17	2008.01.01	2008.11.27	2008.12.23	2010.10.20	2010.12.26	2020.04.07	2020.07.01
准备金账户 *	Reserve Account*											
法定准备金	Reserve Requirements	1.89	1.89	1.89	1.89	—	1.62	—	1.62	1.62	—	1.62
超额储备	Excess Reserves	1.89	1.62	1.62	0.99	—	0.72	—	0.72	0.72	0.35	0.35
对金融机构贷款	Loans to Financial Institution											
20 天以内	Less than 20 days	2.70	2.70	3.33	3.33	4.14	3.06	2.79	2.79	3.25	—	3.25
3 个月以内	3 months or less	2.97	2.97	3.60	3.60	4.41	3.33	3.06	3.06	3.55	—	3.55
6 个月以内	6 months or less	3.15	3.15	3.78	3.78	4.59	3.51	3.24	3.24	3.75	—	3.75
1 年	1 year	3.24	3.24	3.87	3.87	4.68	3.60	3.33	3.33	3.85	—	3.85
再贴现	Rediscount	2.97	2.97	3.24	3.24	4.32	2.97	1.80	1.80	2.25	—	2.00

* 2003 年 12 月准备金账户分为法定准备金和超额储备两个账户。

* As of December 2003, reserve account was divided into reserve requirements and excess reserves.

5.2 金融机构：人民币法定存款基准利率
Financial Institutions: Official Benchmark Rates of RMB Deposits

单位：%（年利率）
Unit: % p.a.

项目 / 日期	Items/Date	2012.07.06	2014.11.22	2015.03.01	2015.05.11	2015.06.28	2015.08.26	2015.10.24
活期	Demand	0.35	0.35	0.35	0.35	0.35	0.35	0.35
定期	Time							
3 个月	3 months	2.10	2.35	2.10	1.85	1.60	1.35	1.10
6 个月	6 months	2.80	2.55	2.30	2.05	1.80	1.55	1.30
1 年	1 year	3.00	2.75	2.50	2.25	2.00	1.75	1.50
2 年	2 years	3.75	3.35	3.10	2.85	2.60	2.35	2.10
3 年	3 years	4.25	4.00	3.75	3.50	3.25	3.00	2.75
5 年	5 years	4.75	4.00	—	—	—	—	—

5.3 金融机构：人民币法定贷款基准利率
Financial Institutions: Official Benchmark Rates of RMB Loans

单位：%（年利率）
Unit: % p.a.

项目／日期 Items/Date	2012.07.06	2014.11.22	2015.03.01	2015.05.11	2015.06.28	2015.08.26	2015.10.24
短期贷款 Short-term							
1年以内（含1年） within 1 year (including 1 year)	6.00	5.60	5.35	5.10	4.85	4.60	4.35
中长期贷款 Medium- and long-term							
1～5年（含5年） 1~5 years (including 5 years)	6.15	6.00	5.75	5.50	5.25	5.00	4.75
5年以上 over 5 years	6.55	6.15	5.90	5.65	5.40	5.15	4.90

注：自2014年11月22日起，金融机构人民币贷款基准利率期限档次简并为1年以内（含1年）、1～5年（含5年）和5年以上三个档次。
Note: Since November 22, 2014, the terms of official benchmark rates of RMB loans to financial institutions have merged into three:within 1 year (including 1 year), 1~5 years(including 5 years), over 5 years.

6.1 2022 年上半年资金流量表（金融账户）
Flow of Funds Statement, 2022Q2(Financial Accounts)

部门 交易项目	顺序号	住户 Households 运用 Uses	住户 Households 来源 Sources	非金融企业 Non-financial Corporations 运用 Uses	非金融企业 Non-financial Corporations 来源 Sources	广义政府 General Government 运用 Uses	广义政府 General Government 来源 Sources	金融部门 Financial Institutions 运用 Uses	金融部门 Financial Institutions 来源 Sources
净金融投资	1	126543		-55275		-46609		-13886	
资金运用合计	2	150088		67417		18432		245465	
资金来源合计	3		23545		122692		65041		25935
通货	4	4631		467		104			518
存款	5	108733		54452		18357		3601	18491
活期存款	6	12997		7340		-630			1970
定期存款	7	93468		45678		14415			15356
财政存款	8					5061			506
外汇存款	9	518		2422		23		138	265
其他存款	10	1750		-988		-512		3463	392
证券公司客户保证金	11	1379		1717		130		846	435
贷款	12		22872		99380		12406	131567	-382
短期贷款与票据融资	13		6455		47054			53510	
中长期贷款	14		15631		53695			69326	
外汇贷款	15		5		1238		-29	1717	-25
委托贷款	16		1735		-1881		74	-88	-1
其他贷款	17		-955		-727		12361	7102	-356
未贴现的银行承兑汇票	18			-1768	-1768			-1768	-1768
保险准备金	19	21747		2261			9329		14679
金融机构往来	20							10166	869
存款准备金	21							-76	239
债券	22	-945		178	15999	-1154	46668	88789	2082
政府债券	23	-1091		28		-69	46668	45287	
金融债券	24	10		-40		-888		26806	20825
中央银行债券	25								
企业债券	26	136		191	15999	-197		16696	
股票	27	1810		3903	4677	135		972	1232
证券投资基金份额	28	6015		7489		567		3691	18984
库存现金	29							-78	-122
中央银行贷款	30							-354	-354
其他（净）	31	6719	674	-3162	-273	293	474	3721	6741
直接投资	32			3586	9125			1196	457
其他对外债权债务	33			-1708	-1520		-3836	1872	-879
国际储备资产	34							1319	
国际收支误差与遗漏	35				-2928				

单位：亿元
Unit: 100 Million Yuan

国内合计 All Domestic Sectors		国 外 The Rest of the World		总 计 Total		No.	Sector / Item
运用 Uses	来源 Sources	运用 Uses	来源 Sources	运用 Uses	来源 Sources		
10773		-10773		0		1	Net financial investment
481402		683		482086		2	Financial uses
	470629		11457		482086	3	Financial sources
5202	5186	-16		5186	5186	4	Currency
185143	184911	581	812	185724	185724	5	Deposits
19707	19707			19707	19707	6	Demand deposits
153560	153560			153560	153560	7	Time deposits
5061	5061			5061	5061	8	Fiscal deposits
3101	2656	367	812	3468	3468	9	Foreign exchange deposits
3713	3927	214		3927	3927	10	Other deposits
4073	4354	280		4354	4354	11	Customer margin of securities companies
131567	130829	-617	120	130950	130950	12	Loans
53510	53510			53510	53510	13	Short-term loans & Bills financing
69326	69326			69326	69326	14	Medium-term and long-term loans
1717	961	-617	138	1099	1099	15	Foreign exchange loans
-88	-85		-2	-88	-88	16	Designated loans
7102	7117		-15	7102	7102	17	Other loans
-3535	-3535			-3535	-3535	18	Undiscounted bankers' acceptance bills
24008	24008			24008	24008	19	Insurance technical reserves
10166	8694	-2783	-1310	7384	7384	20	Inter-financial institutions accounts
-76	239	315		239	239	21	Required and excessive reserves
86868	83492	525	3901	87393	87393	22	Bonds
44154	46668	3525	1011	47678	47678	23	Government bonds
25887	20825	-2704	2359	23184	23184	24	Financial bonds
						25	Central bank bonds
16827	15999	-296	531	16531	16531	26	Corporate bonds
6819	5909	715	1626	7534	7534	27	Shares
17762	18984	1222		18984	18984	28	Securities investment funds shares
-78	-122		44	-78	-78	29	Cash in vault
-354	-354			-354	-354	30	Central bank loans
7571	7615	42	-2	7613	7613	31	Miscellaneous (net)
4782	9582	9582	4782	14364	14364	32	Foreign direct investment
164	-6235	-6235	164	-6071	-6071	33	Other foreign assets and debts
1319			1319	1319	1319	34	International reserve assets
	-2928	-2928		-2928	-2928	35	Errors and omissions in the BOP

7.1 1 5000 户企业主要财务指标
Major Financial Indicators of 5000 Principal Enterprises

上年同期 =100 单位：%
Previous Year=100 Unit: %

时间 Time	货币资金 Monetary Funds	存货 Inventories	流动资产 Current Assets	固定资产净值 Net Fixed Assets	短期借款 Short-term Borrowing
2015	9.9	-3.4	3.5	1.3	4.9
2016	6.8	4.2	7.3	3.4	5.8
2017	10.8	6.4	8.9	3.0	3.1
2018	4.7	3.3	5.1	4.2	-1.7
2019	6.8	-0.2	3.3	3.2	-0.9
2020.01	4.0	0.2	3.7	2.4	0.1
2020.02	6.0	1.7	3.5	2.5	3.5
2020.03	6.9	2.8	3.6	2.3	3.7
2020.04	8.1	-0.2	4.1	2.2	3.6
2020.05	10.4	-1.0	5.0	2.2	4.2
2020.06	9.1	0.1	5.0	2.2	3.8
2020.07	7.8	0.8	5.6	2.2	3.9
2020.08	5.7	1.2	5.3	2.2	3.0
2020.09	6.2	1.2	5.6	1.6	2.8
2020.10	7.5	1.3	5.9	2.2	2.2
2020.11	9.3	1.6	6.0	2.0	-0.1
2020.12	10.2	2.0	6.3	1.9	0.2
2021.01	11.8	3.3	7.5	2.4	2.0
2021.02	8.2	4.3	8.1	2.3	-1.1
2021.03	7.8	4.5	7.8	2.7	-2.5
2021.04	7.6	6.3	8.4	2.7	-2.2
2021.05	6.7	7.8	8.2	2.6	-3.3
2021.06	10.6	9.1	9.2	2.5	-2.7
2021.07	10.6	8.7	9.5	2.5	-1.3
2021.08	11.9	9.0	9.5	2.8	-1.3
2021.09	11.9	10.4	9.2	3.3	-1.9
2021.10	12.0	10.9	9.9	3.2	-1.6
2021.11	12.4	11.4	9.8	3.5	-0.9
2021.12	9.9	11.0	9.2	1.5	-2.2
2022.01	8.6	12.0	9.1	2.7	-1.9
2022.02	12.9	9.0	10.1	3.0	-2.3
2022.03	11.4	9.0	10.1	2.6	-2.0
2022.04	11.0	10.4	9.0	2.7	-2.1
2022.05	13.4	10.7	8.8	2.8	-1.2
2022.06	10.2	9.2	7.4	2.7	-2.1
2022.07	10.5	7.8	6.8	2.6	-2.8
2022.08	11.6	6.0	7.8	2.8	-1.4
2022.09	12.5	5.5	8.7	2.5	-0.2
2022.10	10.9	4.5	7.8	2.9	-0.1
2022.11	6.4	4.1	6.8	2.0	-0.8
2022.12	4.1	4.2	6.9	2.6	-0.8

7.1 2 5000户企业主要财务指标

Major Financial Indicators of 5000 Principal Enterprises

上年同期=100 单位：%

Previous Year=100 Unit: %

时间 Time	流动负债合计 Total Current Liabilities	非流动负债合计 Total Long-term Liabilities	所有者权益合计 Owner's Equity	主营业务收入 Sales Revenue	工业总产值（现价） Industrial Output (Current Price)
2015	6.0	5.1	3.7	-8.2	-7.7
2016	6.8	3.2	6.8	1.2	1.5
2017	4.3	2.1	11.3	13.5	15.7
2018	3.2	2.7	8.3	7.9	7.4
2019	3.0	7.7	5.8	3.0	2.3
2020.01	3.8	4.7	6.1	-6.6	-1.6
2020.02	4.0	5.1	5.2	-12.2	-9.1
2020.03	3.3	3.5	5.0	-13.5	-10.7
2020.04	4.0	3.4	5.1	-9.7	-8.8
2020.05	4.9	3.9	5.2	-7.9	-6.5
2020.06	4.1	6.3	5.5	-5.3	-4.1
2020.07	4.6	6.6	5.8	-4.5	-3.3
2020.08	4.6	5.5	5.4	-3.6	-3.1
2020.09	4.5	5.8	5.2	-1.9	-1.6
2020.10	4.9	5.7	5.5	-1.4	-1.3
2020.11	4.7	5.6	5.8	-0.9	-0.5
2020.12	5.1	6.0	6.0	-0.4	1.5
2021.01	5.6	5.7	6.1	27.9	24.6
2021.02	5.2	6.1	7.0	34.2	29.6
2021.03	5.2	6.4	7.6	32.6	28.0
2021.04	5.1	7.2	8.3	29.1	28.1
2021.05	4.2	7.4	8.7	27.3	25.5
2021.06	5.8	7.0	8.7	23.8	22.4
2021.07	5.7	7.7	8.4	22.2	20.9
2021.08	5.5	8.2	8.6	21.0	20.1
2021.09	4.9	7.8	9.2	18.8	18.0
2021.10	5.5	7.1	9.5	18.1	17.4
2021.11	5.4	5.8	9.6	17.1	16.9
2021.12	4.6	5.2	8.6	15.3	15.3
2022.01	5.6	5.1	8.8	4.8	12.8
2022.02	5.9	4.3	9.4	9.7	13.7
2022.03	6.0	3.9	9.4	8.6	13.2
2022.04	5.6	3.5	8.1	4.4	7.9
2022.05	5.6	3.6	7.9	4.3	7.7
2022.06	4.2	4.0	7.0	5.0	8.3
2022.07	3.6	3.9	7.0	5.0	7.7
2022.08	4.8	5.7	6.8	5.2	7.7
2022.09	6.2	6.7	6.5	5.1	7.3
2022.10	5.8	8.1	6.1	4.7	6.8
2022.11	4.9	8.9	5.5	4.2	5.9
2022.12	4.1	10.0	5.9	4.3	5.3

注：2015年5月调整企业财务调查指标，停用“固定资产合计”，“固定资产净额”是指固定资产合计减去累计折旧和减值准备后的净额。

Note: Since May 2015, the item of "Total Fixed Assets" has been replaced by "Net Fixed Assets", which equals nominal fixed assets, minus accumulated depreciation and allowance for impairment of fixed assets.

7.2 5000户企业主要财务分析指标

Major Financial Analytical Indicators of 5000 Principal Enterprises

上年同期=100 单位：%

Previous Year=100 Unit: %

时间 Time	货币资金占用系数 Ratio of Monetary Funds to Sales	流动比率 Ratio of Liquidity	资产负债率 Liabilities/Assets Ratio	流动资产周转率 Turn-over Ratio of Liquid Assets	工业产品销售率 Industrial Products Sales Ratio	销售成本利润率 Ratio of Profits to Sales Expenses
2015	17.3	99.0	62.4	1.5	116.2	4.6
2016	18.2	99.9	62.0	1.4	115.8	6.0
2017	17.6	104.8	60.2	1.5	112.5	8.0
2018	17.0	107.8	58.9	1.5	112.4	8.3
2019	17.6	107.3	58.3	1.5	112.6	7.6
2020.01	18.6	107.7	58.1	1.5	107.4	8.5
2020.02	22.9	108.0	58.0	1.2	105.3	5.7
2020.03	22.2	109.0	58.1	1.3	107.9	5.8
2020.04	21.2	108.9	58.2	1.4	110.1	5.5
2020.05	20.7	108.8	58.3	1.4	109.5	6.1
2020.06	19.9	108.7	58.4	1.5	110.3	7.2
2020.07	19.1	109.0	58.3	1.5	110.0	7.5
2020.08	19.0	109.1	58.2	1.5	109.2	7.5
2020.09	18.8	109.5	58.2	1.5	109.5	7.7
2020.10	18.7	110.3	58.0	1.5	109.5	7.6
2020.11	19.2	110.7	58.0	1.5	109.3	7.6
2020.12	19.5	108.2	57.9	1.6	108.7	7.6
2021.01	16.1	111.5	57.3	1.8	107.5	11.0
2021.02	18.2	112.6	56.9	1.5	106.2	9.4
2021.03	17.8	113.1	56.9	1.6	108.1	10.1
2021.04	17.5	113.9	56.8	1.6	107.6	10.2
2021.05	17.1	114.5	56.8	1.6	107.8	10.5
2021.06	17.5	113.8	57.1	1.7	108.2	10.8
2021.07	17.0	114.7	57.0	1.7	107.8	10.5
2021.08	17.2	115.2	56.9	1.7	108.0	10.3
2021.09	17.4	115.9	56.6	1.7	108.2	10.3
2021.10	17.4	116.9	56.4	1.7	108.1	10.3
2021.11	18.0	117.1	56.3	1.7	107.5	10.1
2021.12	18.4	114.7	56.3	1.7	106.5	9.5
2022.01	16.8	115.5	56.4	1.7	103.4	11.9
2022.02	18.9	117.3	55.9	1.5	103.0	9.7
2022.03	18.4	117.8	55.8	1.6	104.2	10.6
2022.04	18.7	117.7	56.0	1.6	104.5	10.2
2022.05	18.7	118.5	55.9	1.6	104.7	10.1
2022.06	18.5	117.8	56.2	1.6	105.3	10.5
2022.07	18.1	118.5	56.0	1.6	105.4	9.9
2022.08	18.2	118.7	56.1	1.6	105.6	9.8
2022.09	18.5	119.0	56.0	1.6	105.5	9.4
2022.10	18.3	119.5	56.0	1.6	105.1	8.9
2022.11	18.3	119.8	56.0	1.6	105.0	8.7
2022.12	18.0	118.2	55.9	1.6	105.6	8.4

7.3 5000户企业景气扩散指数*

Diffusion Indices of Business Survey of 5000 Principal Enterprises*

单位：%

Unit: %

时间 Time	宏观经济热度指数 Macro-economy Index	企业经营景气指数 Business Climate Index	设备能力利用水平指数 Production Capacity Utilization	产成品存货持有意愿指数 Inventory Level	国内订单指数 Domestic Order Level	出口订单指数 Overseas Order Level	资金周转指数 Funds Turnover	销货款回笼指数 Cash Inflow from Sales	银行贷款获得感受指数 Lending Attitude of Bank	盈利指数 Profitability	产品销售价格感受指数 Price Level of Sales	原材料购进价格感受指数 Price Level of Raw Materials	固定资产投资指数 Fixed Assets Investment
2015	22.7	48.4	36.9	43.0	42.5	43.6	52.0	55.8	45.7	50.5	39.2	46.2	46.0
2016	27.8	52.6	40.1	46.2	49.9	45.6	54.6	59.0	46.6	57.1	51.7	63.1	47.4
2017	38.6	59.8	43.8	47.7	53.0	48.5	58.8	63.8	46.7	61.5	56.1	68.6	50.9
2018.03	38.9	58.6	41.4	47.8	47.6	45.0	58.7	63.8	46.4	56.7	52.9	66.1	48.2
2018.06	40.1	58.5	43.7	47.6	52.7	50.8	57.8	62.7	45.6	59.7	52.1	64.8	50.8
2018.09	37.2	56.9	42.5	46.7	49.6	48.5	57.0	62.8	45.8	58.9	51.0	64.3	51.0
2018.12	35.4	57.9	43.6	47.0	50.1	45.5	58.1	63.1	46.4	58.7	50.8	63.1	50.5
2019.03	34.1	54.8	41.4	46.6	44.2	42.9	58.6	62.8	47.8	52.3	47.0	58.8	47.1
2019.06	34.5	55.0	42.8	46.4	48.8	46.3	57.8	62.3	48.4	56.6	47.3	58.7	48.7
2019.09	32.4	53.3	41.4	46.0	47.0	44.5	57.8	61.8	48.0	55.3	45.7	56.3	49.7
2019.12	31.9	55.5	42.7	46.5	49.1	43.2	59.0	63.7	49.0	57.3	47.6	57.1	50.0
2020.03	12.4	30.3	21.6	41.4	17.5	19.1	45.4	45.7	48.0	22.3	40.0	56.9	34.0
2020.06	19.3	42.7	38.1	42.5	50.9	32.0	51.6	53.4	50.5	49.6	43.2	52.8	47.8
2020.09	27.7	49.4	40.3	45.0	53.0	43.6	56.1	58.3	51.5	57.0	48.1	58.6	51.1
2020.12	34.4	55.8	44.4	47.4	55.0	46.4	59.3	62.7	51.9	59.8	53.3	64.2	52.5
2021.03	38.9	56.3	42.4	47.9	45.8	41.8	60.6	63.5	52.0	53.1	56.9	71.6	46.8
2021.06	42.1	59.6	45.8	48.5	56.0	50.6	60.3	64.4	52.4	60.7	62.1	77.6	53.3
2021.09	39.8	56.6	43.4	47.2	51.1	49.4	59.9	63.9	52.3	56.7	58.2	72.0	53.2
2021.12	37.3	56.8	43.1	47.5	51.2	48.7	60.4	64.9	52.7	57.4	57.9	70.6	52.7
2022.03	35.7	53.3	40.7	46.2	41.4	40.9	60.0	63.4	53.9	49.3	53.6	67.1	47.0
2022.06	26.5	48.7	37.2	44.6	40.9	41.0	57.7	59.9	53.9	51.2	52.4	68.1	49.8
2022.09	26.9	48.1	37.2	45.4	44.8	42.2	57.8	60.6	54.5	50.0	45.4	56.7	50.1
2022.12	23.5	46.6	36.4	45.5	44.1	38.9	56.7	59.8	54.3	50.0	47.2	58.5	50.1

* 通过对企业经营者进行问卷调查，得出对问题回答的三种结果，即上升、持平、下降各占总数的比重，然后利用上升的比重减去下降的比重，用其差额来反映景气状况的水平和趋势。

* Diffusion Index on Business Survey: based on the questionnaire sent to enterprise managers, proportions are calculated for the positive, unchanged and negative answers respectively. The diffusion index and its trend are reflected in the difference of the shares between the positive and negative answers.

注：对问卷内容进行了重新修订，本表中发布的数据也做了相应调整。具体为：（1）停止发布“能源供应状况”“原材料供应状况”“产品销售情况”及“设备投资情况”；（2）新增发布“宏观经济热度指数”和“原材料购进价格指数”；（3）修改“产成品库存水平指数”计算方法，新指数＝100－原指数，本表中已对2013年二季度以前公布的历史数据进行调整。

Note: For the PBC Entrepreneurs Survey was revised and certain adjustments were made to the table as of 2013 Q2, including:(1) Indices of Energy Supply, Raw Material Supply and Products Sales were not compiled; (2) Indices of Macro-economy and Price Level of Raw Materials were added; (3) Compilation method was adjusted for Inventory Level Index, while the new index equals 100 minus the original index. All the historical data in the table was re-calculated accordingly.

8.1 主要物价指数 Major Price Indices

以上年同月为100
Previous Corresponding Month=100

时间 Time	零售物价指数 Retail Price Index	居民消费价格指数 Consumer Price Index	企业商品价格指数 Corporate Goods Price Index		
			总指数 Overall Index	投资品 Capital Goods	消费品 Consumer Goods
2015	100.1	101.4	93.6	92.9	99.4
2016	100.7	102.0	98.4	98.0	101.2
2017	101.1	101.6	106.8	107.5	100.6
2018	101.9	102.1	103.0	103.2	101.0
2019	102.0	102.9	99.8	99.3	103.6
2020.01	104.3	105.4	101.0	100.1	108.3
2020.02	104.2	105.2	100.3	99.3	107.9
2020.03	102.8	104.3	98.6	97.6	107.0
2020.04	101.7	103.3	97.0	96.0	106.0
2020.05	100.9	102.4	96.7	95.7	104.9
2020.06	101.1	102.5	97.7	96.9	104.8
2020.07	101.7	102.7	98.5	97.7	105.1
2020.08	101.6	102.4	98.9	98.3	104.1
2020.09	100.8	101.7	98.7	98.2	102.7
2020.10	99.7	100.5	98.5	98.1	100.8
2020.11	98.9	99.5	99.0	98.9	99.6
2020.12	99.7	100.2	100.2	100.2	100.2
2021.01	99.5	99.7	101.2	101.2	100.9
2021.02	99.7	99.8	102.9	103.0	101.0
2021.03	100.9	100.4	105.4	105.9	101.2
2021.04	101.6	100.9	107.5	108.2	101.0
2021.05	102.1	101.3	109.1	109.9	101.5
2021.06	102.1	101.1	108.1	109.0	100.0
2021.07	101.9	101.0	107.9	108.9	99.2
2021.08	101.6	100.8	107.6	108.7	98.3
2021.09	101.8	100.7	107.9	109.2	97.1
2021.10	102.9	101.5	110.1	111.7	98.4
2021.11	103.4	102.3	109.8	111.0	100.4
2021.12	102.2	101.5	107.5	108.5	99.9
2022.01	101.5	100.9	106.4	107.5	98.5
2022.02	101.9	100.9	106.1	107.1	98.0
2022.03	102.7	101.5	106.1	107.1	98.4
2022.04	103.4	102.1	106.3	107.2	99.4
2022.05	103.3	102.1	105.1	105.7	100.4
2022.06	103.7	102.5	105.2	105.6	101.9
2022.07	103.5	102.7	103.1	103.1	102.9
2022.08	103.1	102.5	102.3	102.1	103.6
2022.09	103.2	102.8	101.7	101.3	105.1
2022.10	102.3	102.1	100.1	99.4	105.1
2022.11	101.8	101.6	99.8	99.4	103.1
2022.12	102.0	101.8	100.2	99.9	102.5

8.2 企业商品价格指数
Corporate Goods Price Indices(CGPI)

以 1993 年 12 月为100
December 1993=100

时间 Time	总指数 Overall Index	农产品 Agricultural Product	矿产品 Mining Product	煤、油、电 Coal, Oil and Electricity	加工业产品 Processed Product
2015	133.5	238.0	176.7	213.1	107.0
2016	142.6	246.3	198.5	236.9	113.8
2017	148.8	242.8	209.6	250.3	119.4
2018	149.2	240.4	221.0	254.1	119.6
2019	149.9	281.5	236.4	249.0	118.1
2020.01	150.3	289.8	237.3	251.0	118.0
2020.02	149.7	294.3	235.4	245.5	117.5
2020.03	147.6	287.9	235.1	234.9	116.4
2020.04	145.6	284.1	233.9	221.2	115.5
2020.05	144.9	276.2	235.5	217.6	115.4
2020.06	145.5	274.1	239.9	221.4	115.8
2020.07	146.4	276.5	243.9	224.3	116.3
2020.08	147.0	278.4	249.3	224.9	116.8
2020.09	147.4	281.7	249.5	224.3	117.0
2020.10	147.5	279.4	251.4	223.1	117.3
2020.11	148.1	277.0	251.2	224.5	118.0
2020.12	150.3	283.2	256.9	230.5	119.4
2021.01	152.2	294.9	262.7	235.0	120.4
2021.02	154.0	298.6	268.1	239.6	121.6
2021.03	155.7	291.4	270.9	244.5	123.3
2021.04	156.4	283.1	274.6	245.7	124.4
2021.05	158.0	276.3	285.0	250.6	125.9
2021.06	157.3	264.4	291.6	254.3	125.5
2021.07	157.9	261.5	295.1	258.4	126.0
2021.08	158.1	259.8	290.1	258.6	126.4
2021.09	158.9	252.9	285.3	263.8	127.4
2021.10	162.3	257.3	280.1	275.9	129.8
2021.11	162.5	272.0	270.9	277.8	129.1
2021.12	161.5	273.7	267.7	273.3	128.4
2022.01	161.8	274.7	271.7	277.1	128.2
2022.02	163.1	274.0	276.8	284.0	129.1
2022.03	165.0	273.7	281.8	295.7	130.3
2022.04	166.1	275.7	288.9	300.2	130.9
2022.05	165.9	276.9	288.2	301.3	130.5
2022.06	165.3	272.7	286.5	306.4	129.9
2022.07	162.6	278.4	275.7	301.3	127.2
2022.08	161.6	279.4	269.6	295.6	126.6
2022.09	161.6	283.0	273.6	294.8	126.4
2022.10	162.4	287.7	274.9	297.8	126.7
2022.11	162.2	285.5	272.8	299.4	126.5
2022.12	161.9	285.5	274.5	295.1	126.5

9 主要经济金融指标图
Charts of Major Economic & Financial Indicators

工业增加值当月同比增长变化图
Growth Changes of Industrial Value-added

单位：%
Unit：%

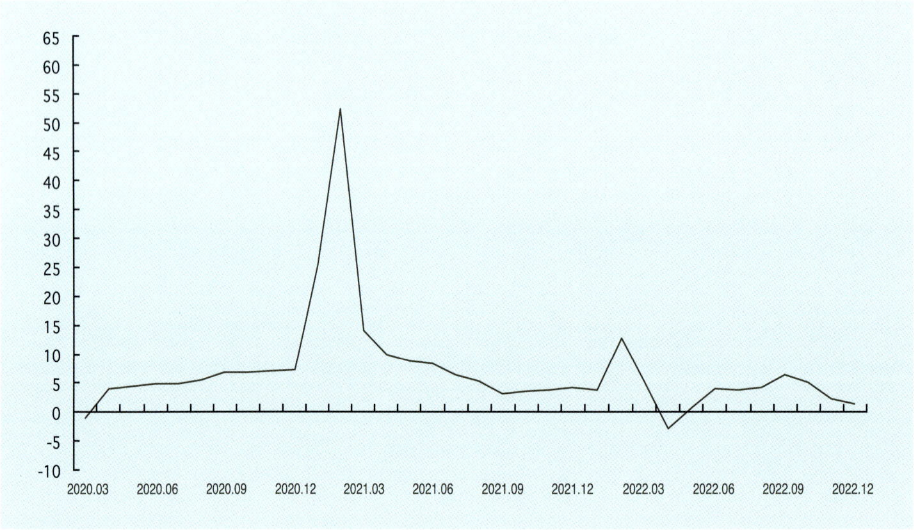

社会消费品零售总额当月同比增长变化图
Growth Changes of Retail Sales of Consumer Goods

单位：%
Unit：%

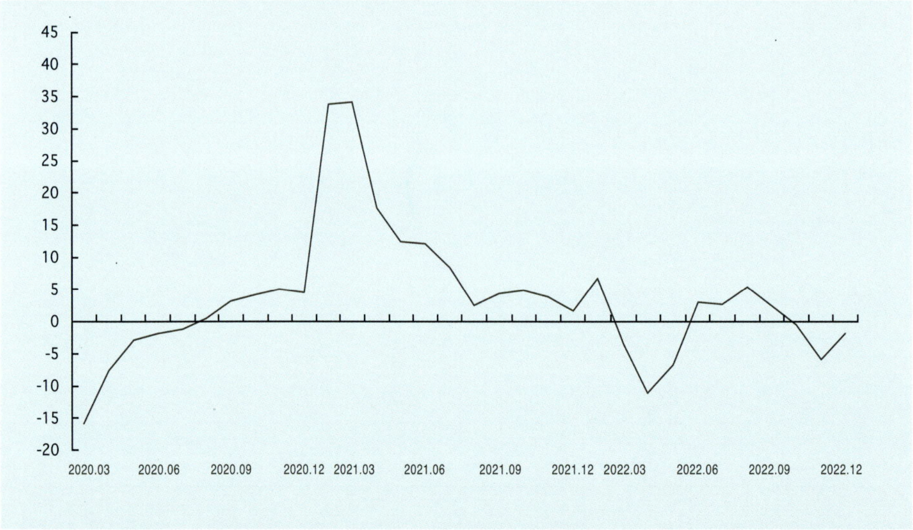

进出口增长变化图
Growth Changes of Import & Export

单位：%
Unit：%

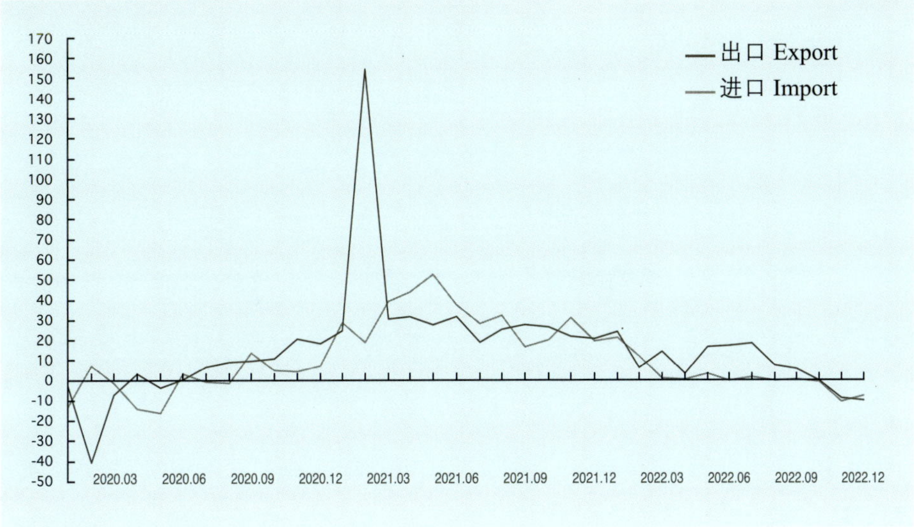

货币供应量增长率图
Money Supply Growth Rate

单位：%
Unit：%

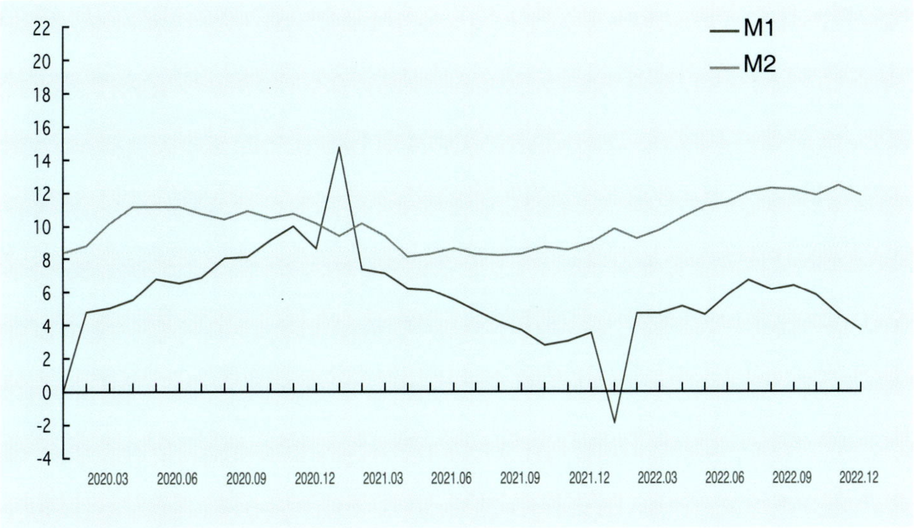

2022 年四季度末其他存款性公司金融资产分布图

Assets Distribution of Other Depository Corporations (End of 2022 Q4)

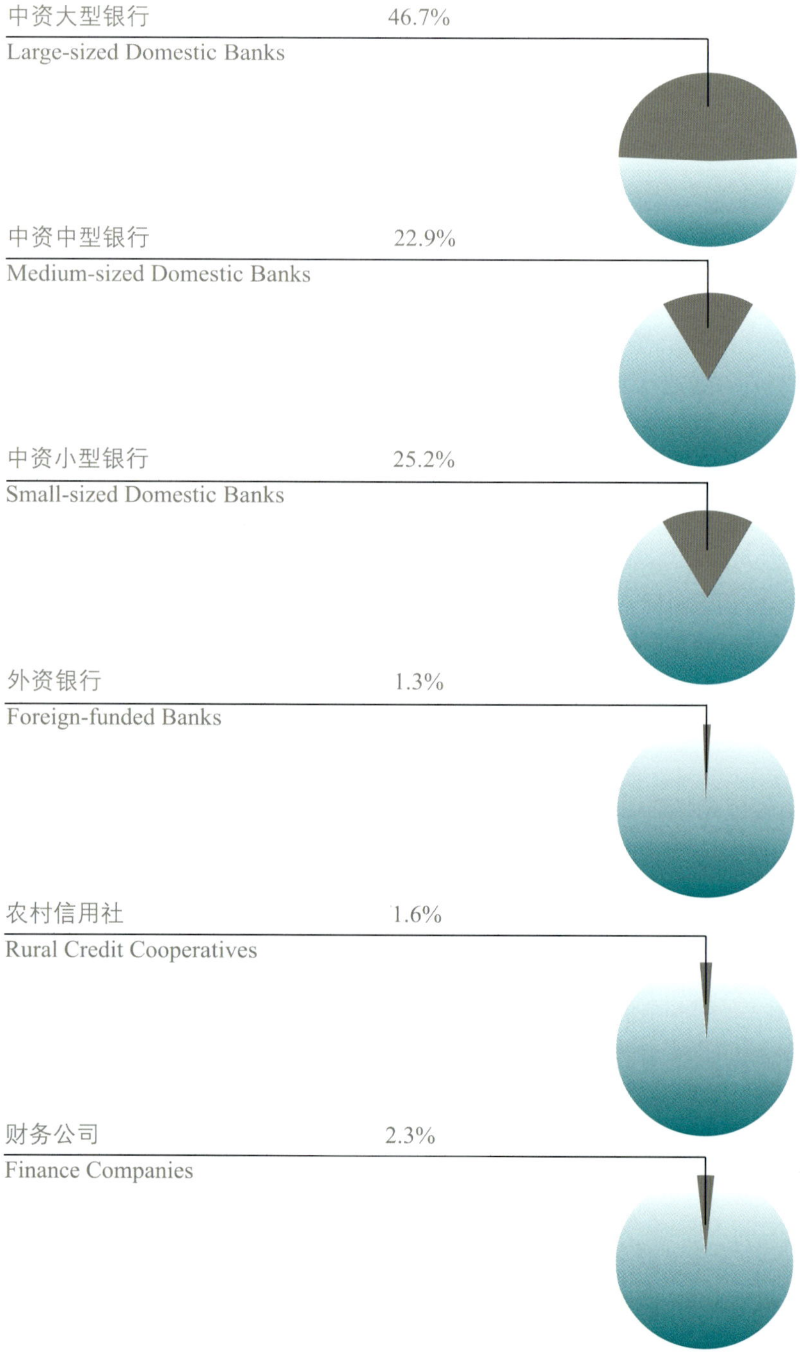

1 年期储蓄利率与居民消费价格指数涨幅对比图
One-year Savings Interest Rate and CPI Growth Rate

单位：%
Unit：%

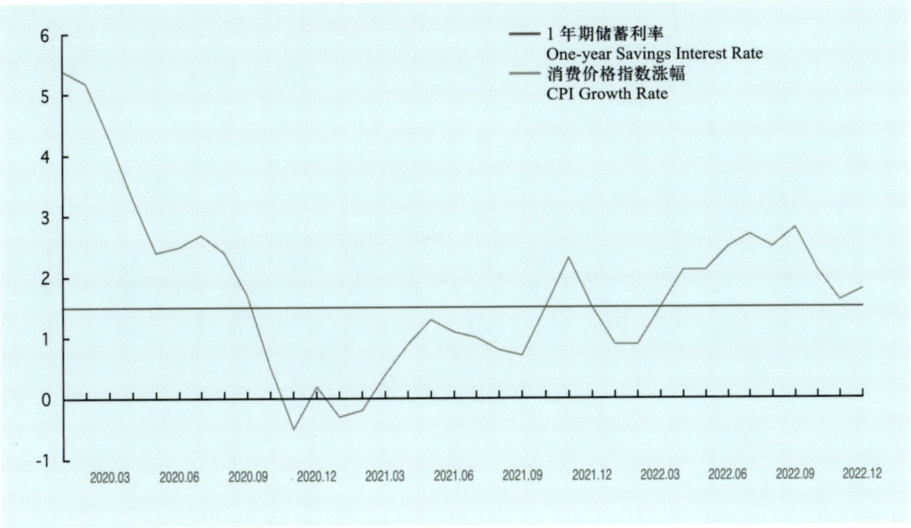

主要物价指数
Major Price Indices

以上年同期为100
Previous Corresponding Month = 100

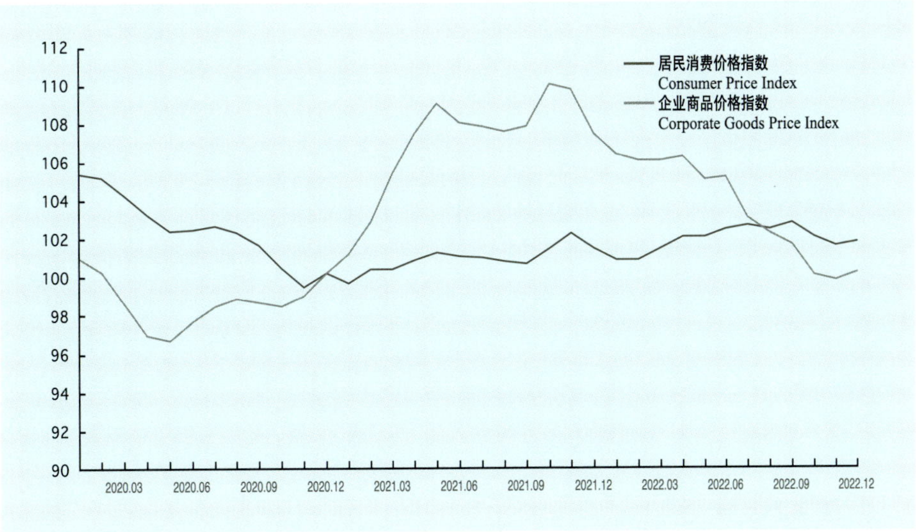

5000户企业经营景气指数高于全国平均水平的主要行业（2022年四季度）

Indices above the National Average Level of Business Conditions of Major Industries among 5000 Principal Enterprises (2022 Q4)

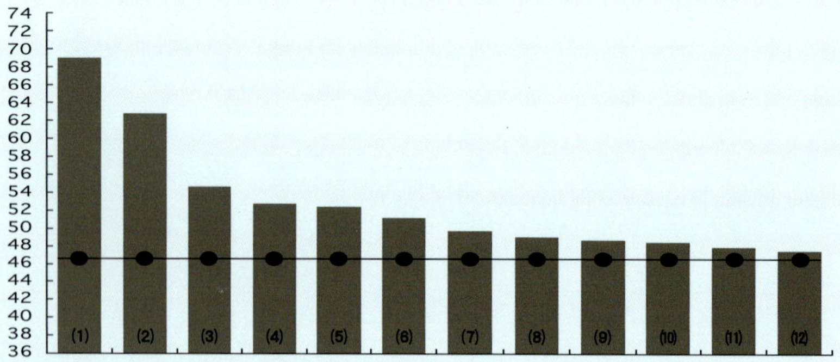

(1) 石油和天然气开采业；(2) 煤炭采选业；(3) 医药制造业；(4) 食品饮料烟酒制造业；(5) 有色金属冶炼及压延加工业；(6) 非金属矿采选业；(7) 电气机械及家电制造业；(8) 仪器仪表业；(9) 机械设备制造业；(10) 化学原料制品业；(11) 电气热的生产和供应业；(12) 金属矿采选业。

(1) Petroleum and Natural Gas Extraction; (2) Coal Mining and Dressing; (3) Medical and Pharmaceutical Products; (4) Manufacture of Food, Beverage and Tobacco; (5) Smelting and Pressing of Nonferrous Metals; (6) Nonmetals Mining and Dressing; (7) Manufacture of Electrical Machinery and Household Appliances; (8) Instruments and Meters Machinery; (9) Equipment Manufacturing; (10) Raw Chemical Materials and Chemical Products; (11) Power, Gas and Heat Production and Supply; (12) Metals Mining and Dressing.

5000户企业货币资金与存货趋势图

Growth Rate of Monetary Funds and Inventories of 5000 Principal Enterprises

单位：%
Unit: %

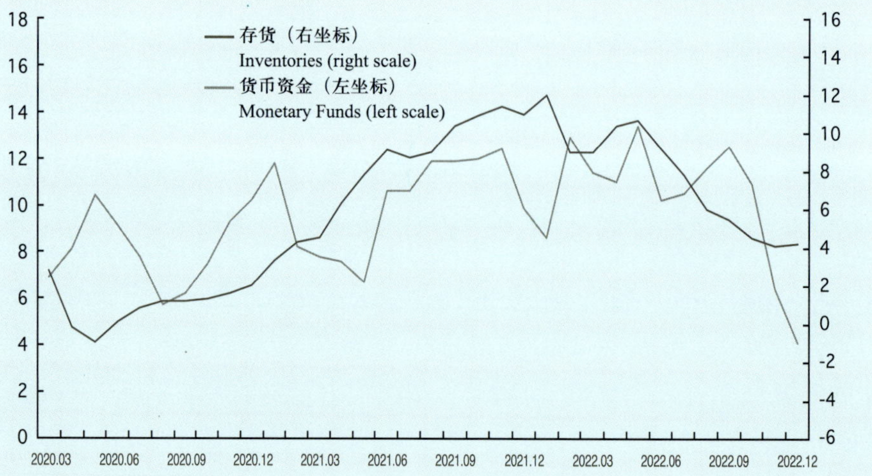

上海银行间同业拆放利率
Shibor

单位：%
Unit：%

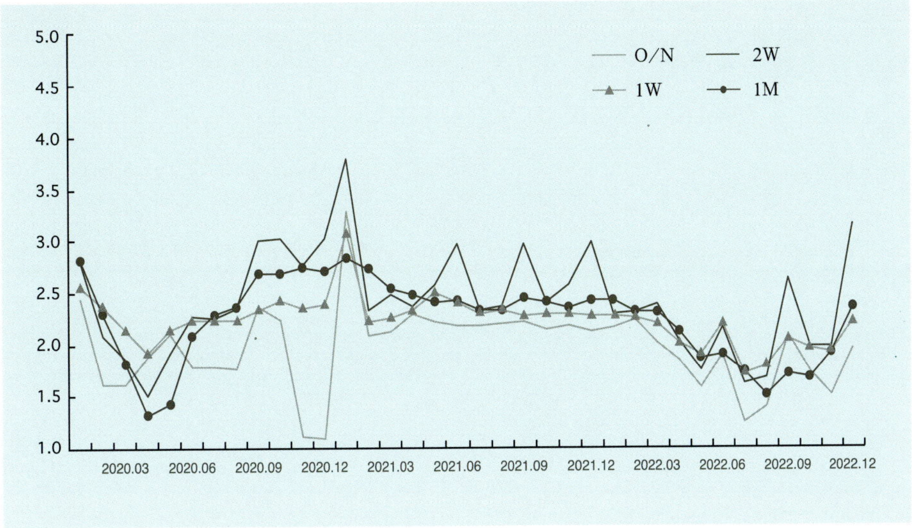

同业拆借、质押式回购月加权平均利率
Monthly Weighted Average Interest Rate of Interbank Lending and Pledged Repo

单位：%
Unit：%

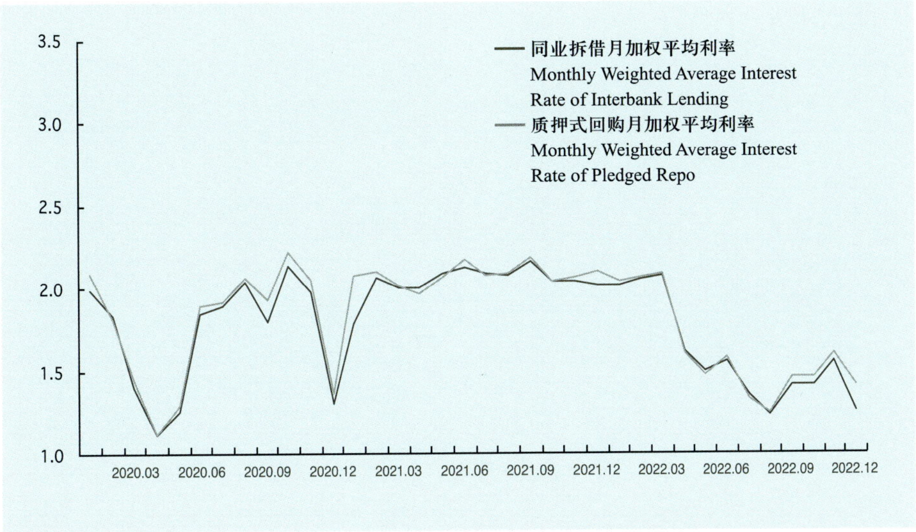

中债国债收益率曲线
Chinabond Yield Curves of Government Securities

单位：%
Unit：%

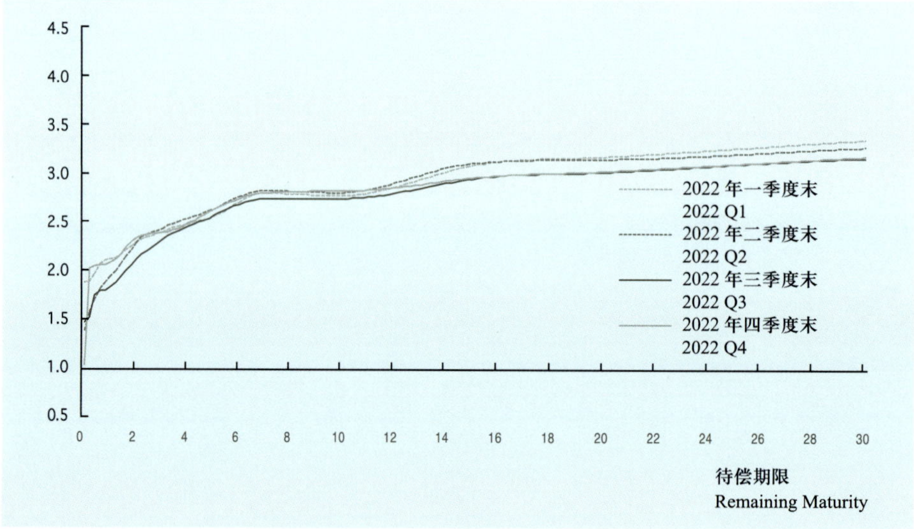

中债国债、中短期票据收益率
Chinabond Yield of Government Securities and Medium/Short-term Notes

单位：%
Unit：%

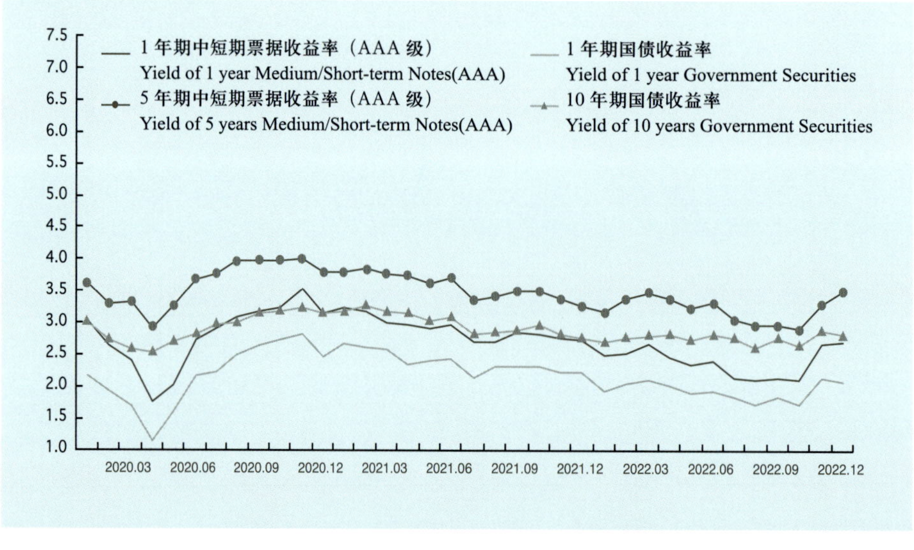

10 主要指标的概念及定义

1 名义 GDP 按市场价格计算的国内生产总值。

国内生产总值 按市场价格计算的国内生产总值的简称。它是一个国家（地区）所有常住单位在一定时期内生产活动的最终成果。在实际核算中，国内生产总值的三种表现形式为三种计算方法，即生产法、收入法和支出法，三种计算方法分别从不同的方面反映国内生产总值及其构成。

三大产业 根据社会生产活动历史发展的顺序对产业结构进行划分，产品直接取自自然界的部门称为第一产业，对初级产品进行再加工的部门称为第二产业，为生产和消费提供各种服务的部门称为第三产业。

工业增加值 指工业在报告期内以货币表现的工业生产活动的最终成果。

国有及国有控股企业 指国有企业加上国有控股企业。国有企业（过去的全民所有制工业或国营工业）是指企业全部资产归国家所有，并按《中华人民共和国企业法人登记管理条例》规定登记注册的非公司制的经济组织，包括国有企业、国有独资公司和国有联营企业。1957年以前的公私合营和私营工业，后均改造为国营工业，1992年改为国有工业，这部分工业的资料不单独分列时，均包括在国有企业内。国有控股企业是对混合所有制经济的企业进行的国有控股分类，它是指这些企业的全部资产中国有资产（股份）相对其他所有者中的任何一个所有者占资（股）最多的企业。该分组反映了国有经济控股情况。

集体企业 指企业资产归集体所有，并按《中华人民共和国企业法人登记管理条例》规定登记注册的经济组织，是社会主义公有制经济的组成部分。它包括城乡所有使用集体投资举办的企业，以及部分个人通过集资自愿放弃所有权并依法经市场监督管理机关认定为集体所有制的企业。

1 Nominal GDP Nominal GDP is the Gross Domestic Product measured on the basis of current price.

Gross Domestic Product refers to Gross Domestic Product calculated at market price, which is all the final products of all resident units (enterprises and self-employed individuals) of a country (or region) during a certain period of time. In the practice of national accounting, Gross Domestic Product is calculated by three approaches, i. e. product approach, income approach, and expenditure approach, respectively to reflect Gross Domestic Product and its composition from different aspects.

Three Industries industry structure has been classified according to the historical sequence of development. Primary industry refers to extraction of natural resources, secondary industry involves processing of primary products, and tertiary industry provides services of various kinds for production and consumption.

Industrial Value-added refers to final results of industrial production of industry in money terms during reference period.

State-owned and State-holding Enterprises refer to state-owned enterprises plus state-holding enterprises. State-owned enterprises (originally known as state-run enterprises with ownership by the whole society) are non-corporate economic entities registered in accordance with the *Regulation of the People's Republic of China on the Management of Registration of Legal Enterprises*, where all assets are owned by the state. Included in this category are state-owned enterprises, state-funded corporations and state-owned joint-operation enterprises. Joint state-private industries and private industries, which existed before 1957, were transformed into state-run industries since 1957, and into state-owned industries after 1992. Statistics on those enterprises are included in the state-owned industries instead of grouping them separately. State-holding enterprises are a sub-classification of enterprises with mixed ownership, referring to enterprises where the percentage of state assets (or shares by the state) is larger than any other single share holder of the same enterprise. This sub-classification illustrates the control of the state assets.

Collective Enterprises refer to economic entities registered in accordance with the *Regulation of the People's Republic of China on the Management of Registration of Legal Enterprises*, where assets are owned collectively. Collective enterprises constitute an integral part of the socialist economy with public ownership. They include urban and rural enterprises invested collectively, and some enterprises registered in industrial and commercial administration agency as collective units where funds are pooled together by individuals who voluntarily give up their rights of ownership.

10 Concepts and Definitions for Major Indicators

港、澳、台商投资企业 指企业业注册登记类型中的港、澳、台资合资、合作、独资经营企业和股份有限公司之和。

Enterprises with Funds from Hong Kong, Macao and Taiwan refer to all industrial enterprises registered as the joint-venture cooperative, sole(exclusive) investment industrial enterprises and limited liability corporations with funds from Hong Kong, Macao and Taiwan.

外商投资企业 指企业注册登记类型中的中外合资、合作经营企业，外资企业和外商投资股份有限公司之和。

Foreign Funded Enterprises refer to all industrial enterprises registered as the joint-venture, cooperative, sole(exclusive) investment industrial enterprises and limited liability corporations with foreign funds.

城镇居民可支配收入 指居民家庭在支付个人所得税后余下的实际收入，即实际收入减去个人所得税、家庭副业生产支出和记账补贴后的余额。

Disposable Income of Urban Households equals the actual income deducted by the personal income tax, that is the remainder of the actual income deducted by the personal income tax, the expenditure of the sideline production of households and the subsidies paid for sample-data-collecting.

全社会固定资产投资 固定资产投资额是以货币表现的建造和购置固定资产活动的工作量。全社会固定资产投资包括国有经济单位投资、城乡集体经济单位投资、各种经济类型的单位投资和城乡居民个人投资。

Total Investment in Fixed Assets value of investment in fixed assets refers to construction and purchase of fixed assets in money terms. Total investment in fixed assets includes investment by state-owned units, urban and rural collective units, and units of various other kinds of ownership and individual investment by urban and rural residents.

基本建设投资 指企业、事业、行政单位以扩大生产能力或工程效益为主要目的的新建、扩建工程及有关工作，包括工厂、矿山、铁路、桥梁、港口、农田水利、商店、住宅、学校、医院等工程的建造和机器设备、车辆、船舶、飞机等的购置。

Capital Construction Investment refers to investment in new projects or an addition to existing facilities for the purposes of enlarging production capacity or improving efficiency, which includes construction of plants, mines, railways, bridges, harbors, water conservation facilities, stores, residential facilities, schools, hospitals, and purchase of machinery and equipment, vehicles, ships, and planes.

基本建设投资额 指以货币表现的基本建设完成的工作量。它是根据工程的实际进度按预算价格（预算价格是编制施工图预算时所用的价格）计算的工作量，没有形成工程实体的建筑材料和没有开始安装的设备，都不计算投资完成额。

Value of Construction Investment refers to completion of capital construction in money terms. It is calculated at budget prices according to the actual completion of the project and therefore, construction materials and equipment not put into operation are not included.

更新改造投资 更新改造指国有企业、事业单位对原有设施进行固定资产更新和技术改造，以及相应配套的工程和有关工作（不包括大修理和维护工程）。更新改造投资是以货币表现的更新改造完成的工作量。

Technical Upgrading and Transformation refers to the investment in projects to renew, modernize or replace existing assets and related supplementary projects (excluding major repairs and maintenance projects), which is presented in money terms.

10 主要指标的概念及定义

社会消费品零售额 指各种经济类型的批发和零售贸易业、餐饮业、制造业和其他行业对城乡居民和社会集团的消费品零售额。这个指标反映通过各种商品流通渠道向居民和社会集团供应的满足他们生活需要的消费品，是研究人民生活水平、社会消费品购买力、货币流通等问题的重要指标。

Value of Retail Sales of Consumer Goods refers to the sum of retail sales of consumer goods by wholesale and retail industry, catering, manufacturing establishments and establishments in other industries of different types of ownership to urban and rural households and institutions, as well as retail sales by farmers to non-agricultural households. Illustrating the supply of consumer goods through various channels to households and institutions to meet their demands, this is an important indicator for the study of issues on people's livelihood, on the purchasing power of consumer goods and on the circulation of money.

进出口总额 指实际进出我国境内的货物总金额。进出口总额用于观察一个国家在对外贸易方面的总规模。我国规定出口货物按离岸价格统计，进口货物按到岸价格统计。

The Total Value of Imports and Exports at Customs refers to the value of commodities imported into and exported from the boundary of China. The indicator of the total value of imports and exports at customs can be used to observe the total size of external trade in a country. Under the stipulation of Chinese government, exports are calculated on FOB basis, while imports are on CIF basis.

净出口 指出口与进口的差额。

Net Export refers to the difference between the value of exports and imports.

外商直接投资 指外国企业和经济组织或个人（包括华侨、港澳台胞以及我国在境外注册的企业）按我国有关政策、法规，用现汇、实物、技术等在我国境内开办外商独资企业，与我国境内的企业或经济组织共同举办中外合资经营企业、合作经营企业或合作开发资源的投资（包括外商投资收益的再投资），以及经政府有关部门批准的项目投资总额内，企业从境外借入的资金。

Direct Investment by Foreign Business refers to the investment inside China by foreign enterprises and economic organizations or individuals (including overseas Chinese, compatriots in Hong Kong, Macao and Taiwan, and Chinese enterprises registered abroad), following the relevant policies and laws of China, for the establishment of wholly foreign-owned enterprises, by means of convertible currencies, supplies, technique and so on and the establishment of joint venture enterprises, contractual joint ventures or co-operative exploration of resources with enterprises or economic organization in China (including re-investment of profits from foreign businessmen's enterprises), and the funds that enterprises borrow from abroad in the total investment of projects which are approved by the relevant department of the government.

外汇储备 指一国政府所拥有的全部外汇，其表现形式可以是在国外银行的存款、外国国库券和长短期债券，以及在国际收支发生逆差时可以动用的债权。

Foreign Exchange Reserves refer to the total amount of foreign exchange held by the government of one country which can be in the form of the bank deposits abroad, treasury bonds, short-term and long-term bonds of foreign countries and the claims on nonresidents which can be utilized as the financing resources should the balance of payments deficits arise.

10 Concepts and Definitions for Major Indicators

2 金融机构信贷收支表（人民币）

对金融机构信贷收支表的说明

金融机构包括中国人民银行、中国工商银行、中国农业银行、中国银行、中国建设银行、国家开发银行、中国进出口银行、中国农业发展银行、交通银行、中信银行、中国光大银行、华夏银行、广发银行、平安银行、招商银行、上海浦东发展银行、兴业银行、中国民生银行、恒丰银行、浙商银行、渤海银行、城市商业银行、城市信用社、农村信用社、农村商业银行、农村合作银行、外资银行、财务公司、信托投资公司、金融租赁公司、中国邮政储蓄银行、村镇银行*。

[注 1] 对 2006 年货币统计报表的说明

自 2006 年起，中国人民银行按照国际货币基金组织《货币与金融统计手册》对货币金融统计制度进行了修订。2006 年一季度及以后各期数据与历史数据不完全可比。修订的主要内容包括以下三个方面：

①在机构分类上，将金融性公司划分为存款性公司和其他金融性公司，存款性公司划分为货币当局和其他存款性公司。货币当局为中国人民银行，其他存款性公司包括四大国有商业银行、其他国有银行、股份制商业银行、合作金融机构、中国邮政储蓄银行、财务公司。

②根据金融性公司新分类，开始编制其他存款性公司资产负债表；将中央银行资产负债表、其他存款性公司资产负债表合并，编制存款性公司概览。存款性公司概览同原银行概览相比，不包含信托投

2 Sources and Uses of Credit Funds of Financial Institutions (RMB)

Notes to the Sheet of the Sources and Uses of Credit Funds of Financial Institutions

Financial Institutions include the People's Bank of China, Industrial and Commercial Bank of China, Agricultural Bank of China, Bank of China, China Construction Bank, China Development Bank, Export-Import Bank of China, Agricultural Development Bank of China, Bank of Communications, CITIC Bank, China Everbright Bank, Hua Xia Bank, China Guangfa Bank, Ping An Bank, China Merchants Bank, Shanghai Pudong Development Bank, Industrial Bank Co., Ltd., China Minsheng Banking Corporation, Evergrowing Bank, China Zheshang Bank, China Bohai Bank, Urban Commercial Banks, Urban Credit Cooperatives, Rural Credit Cooperatives, Rural Commercial Banks, Rural Cooperative Banks, Foreign-funded Bank, Finance Companies, Trust and Investment Companies, Financial Leasing Companies and Postal Savings Bank of China, Rural Banks*.

Note 1: Introduction to 2006 Revision of Monetary Statistics

Since 2006, the People's Bank of China has revised the system of monetary and financial statistics in line with the IMF *Manual on Monetary and Financial Statistics*. As from the first quarter of 2006, the monetary statistics thereafter are not fully comparable with historical statistics.The revision includes the following 3 aspects:

① To reclassify the Financial Corporations as the depository corporations and other financial corporations. Depository corporations are sub-divided into categories of the monetary authority and other depository corporations. The monetary authority is the People's Bank of China; other depository corporations include 4 Major State-owned Commercial Banks, Other State-owned Banks, Joint Stock Commercial Banks, Cooperative Financial Institutions, Postal Savings Bank of China, Finance Companies.

② The balance sheet of other depository corporations has been compiled according to the new classification of the financial corporations since 2006. Depository corporations survey is the consolidation of the balance sheets of the monetary authority and the other depositary corporations. The

* 自 2009 年 1 月起，金融机构包括村镇银行。

* As of January 2009, Rural Banks were included in the coverage of financial institutions.

10 主要指标的概念及定义

资公司和金融租赁公司。从 2006 年开始不再编制银行概览、货币概览、存款货币银行资产负债表和特定存款机构资产负债表。

main distinction between depository corporations survey and banking survey lies in the fact that data of trust and investment companies and financial leasing companies are not included in the depository corporations survey. Since 2006, the banking survey, monetary survey, balance sheet of monetary authorities, balance sheet of deposit money banks, balance sheet of specific depository institutions will no longer be compiled.

③调整部分报表项目。如将中央银行资产负债表中的“对存款货币银行债权”“对特定存款机构债权”“对其他金融机构债权”调整为“对其他存款性公司债权”和“对其他金融性公司债权”两项，将“储备货币”项下的“金融机构存款”三个子项调整为“其他存款性公司存款”“其他金融性公司存款”等。

③ Adjust some items of all relevant statistical sheets. Examples: reclassify the 3 balance sheet items of the central bank— “claims on deposit money banks” “claims on specific depository institutions” and “claims on other financial institutions” to “claims on other depository corporations” and “claims on other financial corporations”. Reclassify the 3 sub-items of “deposits of financial institutions” under “reserve money” to “deposits of other depository corporations” and “deposits of other financial corporations”, etc.

1. 货币当局

中国人民银行。

1. Monetary Authority

The People’s Bank of China.

2. 其他存款性公司

(1) 四大国有商业银行：中国工商银行、中国农业银行、中国银行、中国建设银行。

(2) 其他国有银行：国家开发银行、中国进出口银行、中国农业发展银行。

(3) 股份制商业银行：交通银行、中信银行、中国光大银行、华夏银行、广发银行、平安银行、招商银行、上海浦东发展银行、兴业银行、中国民生银行、恒丰银行、浙商银行、渤海银行、农村商业银行、城市商业银行、外资商业银行。

(4) 合作金融机构：城市信用社、农村信用社、农村合作银行。

(5) 中国邮政储蓄银行。

(6) 财务公司。

2. Other Depository Corporations

(1) 4 Major State-owned Commercial Banks: Industrial and Commercial Bank of China, Agricultural Bank of China, Bank of China, China Construction Bank.

(2) Other State-owned Banks: China Development Bank, Export-Import Bank of China, Agricultural Development Bank of China.

(3) Joint Stock Commercial Banks: Bank of Communications, CITIC Bank, China Everbright Bank, Hua Xia Bank, China Guangfa Bank, Ping An Bank, China Merchants Bank, Shanghai Pudong Development Bank, Industrial Bank, China Minsheng Banking Corporation, Evergrowing Bank, China Zheshang Bank, China Bohai Bank, Rural Commercial Banks, Urban Commercial Banks, Foreign-funded Commercial Banks.

(4) Cooperative Financial Institutions: Urban Credit Cooperatives, Rural Credit Cooperatives, Rural Cooperative Banks.

(5) Postal Savings Bank of China.

(6) Finance Companies.

3. 其他金融性公司

（1）保险公司和养老基金（企业年金）。

（2）信托投资公司。

（3）金融租赁公司。

（4）资产管理公司。

（5）汽车金融服务公司。

（6）金融担保公司。

（7）证券公司。

（8）投资基金。

（9）证券交易所。

（10）其他金融辅助机构。

［注 2］ 对 2010 年货币统计报表的说明

自 2010 年 1 月起，中国人民银行按照国际货币基金组织《货币与金融统计手册》的概念、定义和分类，以中国境内各金融机构的本、外币业务统计数据为基础编制货币统计报表。

主要变动

1. 由于金融机构分组、会计科目的变动，对 2009 年 12 月末数据进行了修正。

2. 调整其他存款性公司机构分组方法。

增设“中资大型银行资产负债表”“中资中型银行资产负债表”和“中资小型银行资产负债表”。终止“国有商业银行资产负债表”“股份制商业银行资产负债表”“政策性银行资产负债表”“城市商业银行资产负债表”“中国邮政储蓄银行资产负债表”。

3. Other Financial Corporations

(1) Insurance Companies and Pension Fund (enterprise annuities).

(2) Financial Trust and Investment Companies.

(3) Financial Leasing Companies.

(4) Asset Management Companies.

(5) Auto Financing Companies.

(6) Financial Guarantee Companies.

(7) Securities Companies.

(8) Investment Funds.

(9) Stock Exchange.

(10) Other Financial Auxiliary Institutions.

Note 2: Introduction to 2010 Revision of Monetary Statistics

As of January 2010, monetary and financial statistics are compiled based on the RMB and foreign currency statistical data of domestically operating financial institutions, in line with the concept, definition and classification of the IMF *Manual of Monetary and Financial Statistics*, by the People's Bank of China.

Major Revisions

1. Statistical data of December 2009 is adjusted as a result of the change in institutional classification and accounting items.

2. Classification of other depository corporations is adjusted.

Newly added balance sheets are compiled for: “Large-sized Domestic Banks” “Medium-sized Domestic Banks” and “Small-sized Domestic Banks”. Original balance sheets are suspended for: “State-owned Commercial Banks” “Joint Stock Commercial Banks” “Policy Banks” “Urban Commercial Banks” and “Postal Savings Bank of China”.

10 主要指标的概念及定义

中资大型银行：本外币资产总量超过2万亿元的中资银行（以2008年末各金融机构本外币资产总额为参考标准）。

Large-sized Domestic Banks: refer to all the domestic banks with the total RMB and foreign currency asset volume more than 2 trillion yuan (as of year-end 2008).

中资中型银行：本外币资产总量小于2万亿元且大于3000亿元的中资银行。

Medium-sized Domestic Banks: refer to all the domestic banks with the total RMB and foreign currency asset volume more than 300 billion yuan but less than 2 trillion yuan.

中资小型银行：本外币资产总量小于3000亿元的中资银行。

Small-sized Domestic Banks: refer to all the domestic banks with the total RMB and foreign currency asset volume less than 300 billion yuan.

3. 修订后的金融机构分组如下：

3. Classification of Financial Institutions:

（1）货币当局：中国人民银行。

(1) Monetary Authority: the People's Bank of China.

（2）其他存款性公司。

(2) Other Depository Corporations.

①中资大型银行：中国工商银行、中国建设银行、中国农业银行、中国银行、国家开发银行、交通银行、中国邮政储蓄银行。

① Large-sized Domestic Banks: Industrial and Commercial Bank of China, China Construction Bank, Agricultural Bank of China, Bank of China, China Development Bank, Bank of Communications, Postal Savings Bank of China.

②中资中型银行：招商银行、中国农业发展银行、上海浦东发展银行、中信银行、兴业银行、中国民生银行、中国光大银行、华夏银行、中国进出口银行、广发银行、平安银行、北京银行、上海银行、江苏银行。

② Medium-sized Domestic Banks: China Merchants Bank, Agricultural Development Bank of China, Shanghai Pudong Development Bank, CITIC Bank, Industrial Bank Co., Ltd., China Minsheng Banking Corporations, China Everbright Bank, Huaxia Bank, Export-Import Bank of China, China Guangfa Bank, Ping An Bank, Bank of Beijing, Bank of Shanghai, Bank of Jiangsu.

③中资小型银行：恒丰银行、浙商银行、渤海银行、小型城市商业银行、农村商业银行、农村合作银行、村镇银行。

③ Small-sized Domestic Banks: Evergrowing Bank, China Zheshang Bank, China Bohai Bank, Small-sized Urban Commercial Banks, Rural Commercial Banks, Rural Cooperative Banks, Rural Banks.

④外资商业银行。

④ Foreign-funded Commercial Banks.

⑤城市信用社。

⑤ Urban Credit Cooperatives.

⑥农村信用社。

⑥ Rural Credit Cooperatives.

⑦财务公司。

⑦ Finance Companies.

（3）其他金融性公司。

(3) Other Financial Corporations.

10 Concepts and Definitions for Major Indicators

①保险公司和养老基金（企业年金）。

① Insurance Companies and Pension Fund (Enterprise Annuities).

②信托投资公司。

② Financial Trust and Investment Companies.

③金融租赁公司。

③ Financial Leasing Companies.

④金融资产管理公司。

④ Asset Management Companies.

⑤汽车金融服务公司。

⑤ Auto Financing Companies.

⑥金融担保公司。

⑥ Financial Guarantee Companies.

⑦证券公司。

⑦ Securities Companies.

⑧投资基金。

⑧ Investment Funds.

⑨证券交易所。

⑨ Stock Exchange.

⑩其他金融辅助机构。

⑩ Other Financial Auxiliary Institutions.

主要指标解释

Major Indicators

2.1 货币当局资产负债表

2.1 Statistical Composition of the Balance Sheet of Monetary Authorities

1. **国外资产**：中国人民银行控制的以人民币计值的国家外汇储备、货币黄金及在国际金融机构的头寸和以外汇缴存的人民币存款准备金。

1. **Foreign Assets:** mainly include Renminbi equivalent value of the state foreign exchange reserves, monetary gold and position of the People's Bank of China with international financial institutions, as well as the RMB required reserves in foreign currencies.

2. **对政府债权**：中国人民银行持有的政府债券。

2. **Claims on Government:** holding of government bonds by the People's Bank of China.

3. **对其他存款性公司债权**：中国人民银行对其他存款性公司发放的贷款、再贴现、持有的其他存款性公司发行的金融债券及从其他存款性公司买入的返售证券等。

3. **Claims on Other Depository Corporations:** financing by the People's Bank of China in forms of lending, rediscounting, repos and etc., to other depository corporations,and purchased bonds issued by other depository corporations.

4. **对其他金融性公司债权**：中国人民银行对其他金融性公司发放的贷款，办理的再贴现以及持有的其他金融性公司发行的债券等。

4. **Claims on Other Financial Corporations:** financing by the People's Bank of China in forms of lending and rediscounting, etc. to other financial corporations,and purchased bonds issued by other financial corporations.

5. **对非金融性公司债权**：中国人民银行为支持老、少、边、穷地区发展而发放的专项贷款等。

5. **Claims on Non-financial Corporations:** ear-marked loan of the People's Bank of China to poor,remote,and minorities areas for economic development.

10 主要指标的概念及定义

6. **其他资产**：在本表中未作分类的资产。

7. **储备货币**：中国人民银行发行的货币，金融机构在中国人民银行的准备金存款。

8. **发行债券**：中国人民银行发行的债券。

9. **国外负债**：以人民币计值的中国人民银行对非居民的负债，主要包括国际金融机构在中国人民银行的存款等。

10. **政府存款**：各级政府在中国人民银行的财政性存款。

11. **自有资金**：中国人民银行信贷基金。

12. **其他负债**：在本表中未作分类的负债。

6. **Other Assets:** the assets not classified in the sheet.

7. **Reserve Money:** currency issued by the People's Bank of China and reserve requirements of financial insitutions.

8. **Bond Issue:** bonds issued by the People's Bank of China.

9. **Foreign Liabilities:** RMB equivalent value of non-resident claims on the People's Bank of China, mainly including deposits of international organizations with the People's Bank of China.

10. **Government Deposits:** treasury deposits of fiscal departments at various levels with the People's Bank of China.

11. **Self-owned Funds:** credit funds of the People's Bank of China.

12. **Other Liabilities:** the liabilities not classified in the sheet.

2.2 其他存款性公司资产负债表

1. **国外资产**：其他存款性公司以人民币计值的对非居民的债权，主要包括库存外币现金、存放境外同业、拆放境外同业、境外有价证券投资、境外贷款等。

2. **储备资产**：其他存款性公司存放在中国人民银行的准备金存款及库存现金。

3. **对政府债权**：其他存款性公司持有的政府债券。

4. **对中央银行债权**：其他存款性公司持有的中国人民银行发行的债券及其他债权。

5. **对其他存款性公司债权**：其他存款性公司持有的本机构以外的其他存款性公司以本币和外币计值的可转让存款、贷款、股票及其他股权、金融衍生工具等。

2.2 Statistical Composition of the Balance Sheet of Other Depository Corporations (ODCs)

1. **Foreign Assets:** claims of other depository corporations on non-residents in Renminbi equivalent value, including cash in vaults, deposits with and lendings to foreign banks, overseas portfolio investments and overseas lending.

2. **Reserve Assets:** reserve requirements account with the People's Bank of China and cash in vaults.

3. **Claims on Government:** government bonds purchased by other depository corporations.

4. **Claims on Central Bank:** central bank bonds purchased by other depository corporations, and other claims on central bank.

5. **Claims on Other Depository Corporations:** claims of other depository corporations (ODCs)on other ODCs denominated in Renminbi or in foreign currencies, including transferrable deposits, loans,shares and other equities and financial derivatives, etc..

10 Concepts and Definitions for Major Indicators

6. **对其他金融性公司债权**：其他存款性公司存放和拆放给其他金融性公司的款项及持有其他金融性公司发行的债券等。

7. **对非金融性公司债权**：其他存款性公司对非金融性公司发放的贷款、票据融资和对非金融性公司的投资等。

8. **对其他居民部门债权**：其他存款性公司对其他居民部门发放的贷款等。

9. **其他资产**：在本表中未作分类的资产。

10. **对非金融机构及住户负债**：其他存款性公司吸收的非金融机构及住户的活期存款、定期存款、储蓄存款、外汇存款及其他负债。

11. **对中央银行负债**：其他存款性公司向中国人民银行借入的款项，包括再贷款、再贴现、债券回购等。

12. **对其他存款性公司负债**：其他存款性公司从其他存款性公司吸收的存款和拆入款等。

13. **对其他金融性公司负债**：其他存款性公司从其他金融性公司吸收的存款和拆入款项等。

14. **国外负债**：其他存款性公司以人民币计值的对非居民的负债，如非居民外汇存款、境外筹资和国外同业往来等。

15. **债券发行**：其他存款性公司为筹措资金而发行的债券等。

16. **实收资本**：其他存款性公司实际收到出资人投入公司的资本。

17. **其他负债**：在本表中未作分类的负债。

6. **Claims on Other Financial Corporations:** deposits with and lending to other financial corporations by other depository corporations and purchased bonds issued by these financial corporations.

7. **Claims on Non-financial Corporations:** loans to, notes on discount to and investment in non-financial corporations by other depository corporations.

8. **Claims on Other Resident Sectors:** loans to other resident sectors by other depository corporations.

9. **Other Assets:** the assets not classified in the sheet.

10. **Liabilities to Non-financial Institutions & Households Sectors:** deposits of non-financial & households sectors with other depository corporations, including demand deposits, time deposits and saving deposits, foreign exchange savings and other liabilities.

11. **Liabilities to Central Bank:** borrowing from the People's Bank of China in forms of borrowing, rediscounting, repos and etc., by other depository corporations.

12. **Liabilities to Other Depository Corporations:** deposits of and borrowing from other ODCs by other depository corporations.

13. **Liabilities to Other Financial Corporations:** deposits of and borrowing from other financial corporations.

14. **Foreign Liabilities:** liabilities of other depository corporations to non-residents in Renminbi equivalent value, including foreign exchange deposit of non-resident, external borrowing, and inter-bank transactions with foreign banks.

15. **Bonds Issue:** bonds issued by other depository corporations.

16. **Paid-up Capital:** capital contributed actually by the investors to other depository corporations.

17. **Other Liabilities:** the liabilities not classified in the sheet.

10 主要指标的概念及定义

2.3 存款性公司概览及货币供应量

将汇总的货币当局资产负债表与汇总的其他存款性公司资产负债表合并，编制存款性公司概览。

广义货币为存款性公司概览中的货币和准货币，现阶段我国货币供应量分为以下三个层次：

M0：流通中现金；
M1：货币， M0 + 活期存款；
M2：M1 + 准货币。

自 2001 年 6 月起，准货币中含证券公司存放在金融机构的客户保证金。

2.3 Depository Corporations Survey and Money Supply

Depository corporations survey is the consolidation of the balance sheets of the monetary authorities and other depository corporations.

Broad money is the money and the quasi-money of the depository corporations. There are three indicators of money stock at current stage in China:

M0: currency in circulation;
M1: or money, M0 + demand deposits;
M2: M1 + quasi-money.

Since June 2001, other deposits would include margin account of security companies maintained with financial institutions.

3 金融市场

金融市场指资金供给者和资金需求者从事资金融通活动的场所。

同业拆借 指与全国银行间同业拆借中心联网的金融机构之间通过同业中心的交易系统进行的无担保资金融通行为。拆借期限最短为 1 天，最长为 1 年。交易中心按 1 天、7 天、14 天、21 天、1 个月、2 个月、3 个月、4 个月、6 个月、9 个月、1 年共 11 个品种计算和公布加权平均利率。

质押式回购 指交易双方进行的以债券为权利质押的一种短期资金融通业务，指资金融入方（正回购方）在将债券出质给资金融出方（逆回购方）融入资金的同时，双方约定在将来某一日期由正回购方按约定回购利率计算的资金额向逆回购方返还资金，逆回购解除出质债券上质权的融资行为。质押式回购的期限为 1 天到 365 天，交易系统按 1 天、7 天、14 天、21 天、1 个月、2 个月、3 个月、4 个月、6 个月、9 个月、1 年共 11 个品种统计公布质押式回购的成交量和成交价。

3 Financial Markets

Financial markets are markets in which financing activities occur between supplier and demander.

Interbank Lending refers to no-guarantee financing business which is dealt through the trading system of the CFETS by and among financial institutions which link the CFETS via the network. For interbank lending, the shortest term is 1 day, and the longest term is 1 year. The CFETS is responsible for calculating and publicating the weighted average rates in accord with a total of 11 terms including 1 day, 7 days, 14 days, 21 days, 1 month, 2 months, 3 months, 4 months, 6 months, 9 months, and 1 year.

Pledged Repo a type of short-term financing business where bonds are used by both trading parties as a pledge of rights. It refers to a financing act in which borrower (positive repo party), pledges bonds to lender (reverse repo party) for funds, and at the same time two parties agree upon that when at a future date positive repo party returns the amount of funds calculated at the specified repo rate to the reverse repo party, the reverse repo party shall lift the pledged rights on the pledged bonds. The terms of pledged repo range from 1 day to 365 days. Through the trading system, the trading volume and price of pledged repo is publicly released as a total of 11 terms including 1 day, 7 days, 14 days, 21 days, 1 month, 2 months, 3 months, 4 months, 6 months, 9 months and 1 year.

10 Concepts and Definitions for Major Indicators

债券 以票据形式筹集资金而发行的、承诺按一定利率付息和一定期限偿还本金的书面债务证书。包括国债、中央银行票据、金融债券、公司信用类债券等。

Bonds negotiable and bearer instruments which give the holder the unconditional right to a fixed or contractually determined variable interest on a specified date or dates. They include government securities, central bank bills, financial bonds, and corporate debenture bonds.

国债 政府发行的债券。

Government Securities securities issued by the government.

金融债券 除中央银行以外的金融机构发行的债券。

Financial Bonds bonds issued by the financial institutions excluding the central bank.

公司信用类债券 非金融企业发行的债券，包括非金融企业债务融资工具、企业债券以及公司债、可转债等。

Corporate Debenture Bonds bonds issued by the non-financial corporate businesses and include non-financial enterprise financing instruments, enterprise bonds, corporate bonds, convertible bonds, etc..

Shibor 上海银行间同业拆放利率，以位于上海的全国银行间同业拆借中心为技术平台计算、发布并命名，是由信用等级较高的银行组成报价团自主报出的人民币同业拆出利率计算确定的算术平均利率，是单利、无担保、批发性利率。目前，对社会公布的 Shibor 品种包括隔夜、1 周、2 周、1 个月、3 个月、6 个月、9 个月及 1 年。

Shibor Shanghai Interbank Offered Rate is calculated, announced and named on the technological platform of the National Interbank Funding Center in Shanghai. It is a simple, no-guarantee, wholesale interest rate calculated by arithmetically averaging all the interbank RMB lending rates offered by the price quotation group of banks with a high credit rating. Currently, the Shibor consists of eight maturities: overnight, 1 week, 2 weeks, 1 month, 3 months, 6 months, 9 months and 1 year.

中债国债收益率曲线 以全国银行间市场发行的人民币计价的固定利率国债为样本券，期限自隔夜至 50 年的收益率曲线。样本券发行人为中华人民共和国财政部。

Chinabond Yield Curve of Government Securities the yield curve with sample securities of CNY-denominated fixed-rate treasury bond with Yield-to-Maturity from O/N to 50 years in national interbank market. The issuer of the sample securities is Ministry of Finance of People's Republic of China.

中债中短期票据收益率曲线（AAA 级） 以全国银行间市场发行的人民币计价的固定利率中期票据、短期融资券、超短期融资券和非公开定向债务融资工具为样本券，期限自隔夜至 15 年的收益率曲线。样本券发行人为主体信用评级为 AAA 级的非金融机构。

Chinabond Yield Curve of Medium/Short-term Notes (AAA) the yield curve with sample securities of CNY-denominated fixed-rate Medium-term notes, Short-term financing bonds, Super Short-term commercial paper and Privately placed debt-financing instruments with Yield-to-Maturity from O/N to 15 years in national interbank market. The issuer of the sample securities are non-financial institutions with credit rating of AAA.

10 主要指标的概念及定义

4 资金流量核算（金融账户）主要指标的概念及定义

资金流量核算（金融账户）[①] 资金流量核算是指将整个社会资金运行过程作为研究对象，围绕收入分配、消费支出、投资和金融等经济活动，考察社会资金在一定时期内的流向、流量、余缺及其调剂平衡等问题的一种社会资金核算方法。金融账户记录发生在常住机构单位之间或常住机构单位与国外之间的、涉及金融资产和负债的流量与存量状况。金融账户采用复式记账法，将国民经济所有的机构单位分为五大机构部门：住户、非金融企业、广义政府、金融机构和国外，列在矩阵账户的宾栏；将所采用的金融工具进行分类，列在矩阵账户的主栏。在每一机构部门下，设置来源方与运用方。流量反映各机构部门各种金融资产与负债在一个时期内的变化，存量反映机构部门在核算期末所拥有的资产或负债的总价值。

住户部门 由城镇住户和农村住户构成，含个体经营户。该部门主要从事最终消费活动以及自我使用为目的的生产活动，也从事少量的以盈利为目的的生产活动。

非金融企业部门 由所有从事非金融生产活动，并以盈利为目的的常住独立核算的法人企业单位组成。

广义政府部门 由中央政府、各级地方政府、机关团体和社会保险基金组成。该部门为公共和个人消费提供非营利性产出，并承担对国民收入和财富进行再分配的职责。

金融部门 由主要从事金融中介或相关辅助性金融活动的金融性公司和准公司组成。该部门提供银行、保险、证券业等金融服务。

4 Concepts and Definitions for major Indicators of Flow of Funds Accounting (Financial Accounts)

Flow of Funds Accounting (Financial Accounts)[①] Flow of Funds Accounting is an accounting method to investigate flow of funds' direction and amount, surplus and deficits, and balances of a whole society in a certain period of time. The method takes the whole process of social capital movement as the research object, focusing on income distribution, consumption expenditure, investment, finance and other activities. Financial accounts record transactions and stocks that involve financial assets and liabilities that take place among resident institutional units and between resident institutional units and the rest of the world. Financial accounts adopt a double entry method. All institutional units are grouped under five sectors: households, non-financial corporations, general government, financial institutions and the rest of the world. All financial transactions taking place among the five sectors are classified by financial instruments. Financial instruments and sectors are listed on rows and columns of matrix respectively. The terms sources and uses are employed under sectors. Flows reflect changes in financial assets and liabilities of each sector over a period of time. Stocks reflect outstanding of assets or liabilities owned by different instituitional sectors at the end of an accounting period.

Households include urban households, rural households and individual enterprises. The sector is mainly engaged in final consumption, self-serving production, and several profit-making production activities.

Non-financial Corporations consist of profit-making resident corporations that have independent accounting and whose principal activity is the production of goods and non-financial services.

General Government includes the central government, local governments, government organizations and social security funds. They produce and supply non-profit output for public and individual consumption.They also assume responsibilities for redistributing national income and wealth.

Financial Institutions include financial corporations and quasi-corporations that are mainly engaged in financial intermediary or relevant financial activities. These instituitions provide financial services in banking, insurance, and securities.

① 目前有些金融交易尚无法统计，如股权、商业信用和某些应收应付项目等。

① Some financial transactions are not accounted temporarily, such as equity, trade credit, some accounts receivable/payable.

10 Concepts and Definitions for Major Indicators

国外部门 与国内机构单位发生金融交易的所有非常住机构单位。

The Rest of the World non-resident units which have financial transactions with resident units.

资金运用合计 各部门资金运用之和。

Financial Uses are the total amounts in the uses column of each sector.

资金来源合计 各部门资金来源之和。

Financial Sources are the total amounts in the sources column of each sector.

净金融投资 资金运用合计与资金来源合计的差额。

Net Financial Investment is the differences between financial uses and financial sources.

通货① 以现金形式存在于市场流通领域中的货币，包括辅币和纸币。

Currency① notes and coins in circulation.

存款 以各种形式存在存款类金融机构的存款，包括活期存款、定期存款、财政存款、外汇存款和其他存款等。

Deposits all types of deposits of depository financial institutions, including demand deposits, time deposits, fiscal deposits, foreign exchange deposits, and others.

活期存款 没有约定期限、随时可提取使用的存款。

Demand Deposits deposits which can be withdrawn on demand.

定期存款 约定存期、利率，到期支取本息的存款。

Time Deposits deposits that are subject to a fixed term and interest rate, which can be withdrawn principal and interest after the specified term.

财政存款 财政部门存放在银行业金融机构的各项财政资金。

Fiscal Deposits deposits of government sector in the banking financial institutions.

外汇存款 境内各机构部门在境内金融机构及境外的外币存款，以及国外部门在国内金融机构的外币存款。

Foreign Exchange Deposits foreign exchange denominated deposits of non-financial residents with domestic financial institutions and the rest of the world, and those of non-residents with domestic financial institutions.

其他存款 未包括在以上存款中的其他存款，如委托存款、信托存款等。

Other Deposits deposits which are not classified above, such as designated deposits and trust deposits.

① 现在还无法统计人民币在国外流通及外币在国内流通的货币数量。
① RMB circulated in foreign countries and the domestically circulated foreign currencies are not accounted temporarily.

10 主要指标的概念及定义

贷款 指金融机构发放的各类贷款，包括短期贷款、票据融资、中长期贷款、外汇贷款、委托贷款和其他贷款等。

Loans all kinds of loans including short-term loans, bills financing, medium-term and long-term loans, foreign exchange loans, designated loans and other loans.

短期贷款与票据融资 指金融机构发放的短期贷款和票据融资。其中，短期贷款指金融机构提供的期限在 1 年以内（含 1 年）的贷款；票据融资指银行业金融机构通过对客户持有的商业汇票、银行承兑汇票等票据进行贴现提供的融资。

Short-term Loans and Bills Financing loans provided by financial institutions with a short-term maturity (usually within one year or one year) are short-term loans; bills financing means that financial institutions offer funds to clients by discounting the commercial papers, bankers' acceptance bills and other papers held by the clients.

中长期贷款 金融机构为企业和住户等部门提供的期限在 1 年以上的贷款。

Medium-term and Long-term Loans loans from financial institutions to enterprises and households with longer maturities (usually more than one year).

外汇贷款 境内金融机构对其他机构部门提供的外币贷款，以及国外对境内机构提供的贷款。

Foreign Exchange Loans loans in foreign currencies made by domestic financial institutions to non-financial residents and the rest of the world and loans to residents by the rest of the world.

委托贷款 由政府部门、企事业单位及个人等委托人提供资金，由贷款人（受托人）根据委托人确定的贷款对象、用途、金额、期限、利率等代为发放、监督使用并协助收回的贷款。

Designated Loans used and managed for specific targets and goals by banking institutions entrusted by governments, enterprises, households or other designators that have offered the funds.

其他贷款 未包括在以上贷款中的其他贷款，如信托贷款、融资租赁、各项垫款等。

Other Loans loans that are not classified above, such as trust loans, financial leasing and advances.

未贴现的银行承兑汇票 指未在银行贴现的银行承兑汇票，即企业签发的全部银行承兑汇票扣减已在银行表内贴现部分。

Undiscounted Bankers' Acceptance Bills bankers' acceptance bills which haven't been discounted in financial institutions, equals all the bankers' acceptance bills minus their discounted parts.

保险准备金 指社会保险基金和商业保险基金的净权益、保险费预付款和未结索赔准备金。

Insurance Technical Reserves consist of net equity of social insurance and commercial insurance funds reserves, prepayments of insurance premiums, and reserves for outstanding claims.

金融机构往来 指金融机构部门子部门之间发生的同业存放、同业拆借和债券回购等。

Inter-financial Institutions Accounts consist of nostro & vostro accounts, interbank lending and repo among the sub-sectors of financial institutions.

10 Concepts and Definitions for Major Indicators

存款准备金 指各金融机构在中央银行的存款及缴存中央银行的法定准备金。

Required and Excessive Reserves financial institution deposits with the People's Bank of China and required reserves.

债券 机构单位为筹措资金而发行，并且承诺按约定条件偿还的有价证券，包括政府债券、金融债券、中央银行债券、企业债券等。

Bonds securities issued by institutions to raise funds and repaid in line with stipulated terms and conditions, including government bonds, financial bonds, central bank bonds, corporate bonds, etc..

政府债券 政府机构部门发行并承诺在一定期限内还本付息的有价证券。

Government Bonds bonds issued and guaranteed by the government institutions with interest and principal repaid on dates as agreed.

金融债券 除中央银行以外的金融机构发行的债券。

Financial Bonds bonds issued by financial institutions excluding the central bank.

中央银行债券 中央银行发行的债券。

Central Bank Bonds bonds issued by the central bank.

企业债券 非金融企业发行的各类债券。

Corporate Bonds bonds issued by the non-financial corporate businesses.

股票① 股份有限公司依照公司法的规定，为筹集公司资本所发行的、用于证明股东身份和权益并据以获得股息和红利的凭证。

Shares① documents which represent property rights on corporations and entitle the holders to a share in the profits of the corporations and to a share in their net assets.

证券投资基金份额 由证券投资基金发行的，证明投资人持有的基金单位数量的受益凭证。

Securities Investment Funds Shares issued by securities investment funds, which represent the quantity of beneficiary certificates to which the investors are entitled.

库存现金 银行机构为办理本币和外币现金业务而准备的现金业务库存。

Cash in Vault local and foreign cash reserved for business by banks.

中央银行贷款 指中央银行向各金融机构的贷款。

Central Bank Loans loans extended by the central bank to financial institutions.

直接投资 外国对我国的直接投资以及我国常住单位对外国的直接投资。

Foreign Direct Investment foreign direct investments from abroad and outward direct investments made by domestic residents.

① 目前仅含能在股票交易所进行交易的股票的发行筹资额。
① Only includes listed shares.

10 主要指标的概念及定义

其他对外债权债务 除储备资产、外汇存贷款和债券以外的国内与国外之间的债权债务。

Other Foreign Assets and Debts foreign assets and debts that are not included in foreign exchange deposits and loans or in reserve assets.

国际储备资产 指我国中央银行的对外资产，包括外汇、货币黄金、特别提款权、在国际货币基金组织的储备头寸等。

International Reserve Assets refer to external assets held by China's central bank, including foreign exchange, monetary gold, SDRs, reserve positions at the International Monetary Fund (IMF), and etc..

国际收支误差与遗漏① 国际收支平衡表采用复式记账法。由于统计资料来源和时点不同等原因，形成经常账户与资本和金融账户不平衡的统计误差与遗漏。

Errors and Omissions in the BOP① arise from inconsistencies between current account and capital and financial account due to differences in sources and point of time during the process of compiling the Balance of Payments through double-entry accounting.

5 5000 户企业景气调查

5000 户企业景气调查制度始建于 1990 年。调查包括月度工业企业主要财务指标统计及季度工业景气状况问卷调查。调查企业以国有大中型工业生产企业为主，还包括一些具有相当经济规模、有代表性的集体工业生产企业及企业集团。1993 年以后增加了部分合资、外资及股份制工业生产企业。调查企业涉及 27 个行业，样本企业结构与中国工业的企业结构基本适应。调查结果大体上能反映中国工业的景气状况。

5 Business Survey of 5000 Principal Enterprises

The system of business survey of 5000 principal enterprises was initiated in 1990. The business survey encompasses monthly statistics of financial indicators of industrial enterprises and quarterly conducted questionnaire research of business conditions of these enterprises. The state-owned large-size and medium-size industrial enterprises constitute the majority of surveyed enterprises with some representative collectively-owned enterprises and conglomerates of handsome economic scale also being included in the samples. Since 1993, some joint venture, foreign-funded and share-holding industrial enterprises have entered into the survey successively. The surveyed enterprises involve 27 industries and the structure of sample enterprises is commensurate with that of China's industrial enterprises. The outcome of the business survey can basically reflect the business conditions of China's industry.

① 由于无法区分国际收支误差与遗漏中经常项目和资本项目的金额，目前资金流量核算中将国际收支的全部误差与遗漏都记录在资金流量金融账户中。

① As it is difficult to identify the size of this item in the current account and that in the capital account, all the errors and omissions in the Balance of Payments are presented in the Financial Transaction Accounts of the Flow of Funds Statement temporarily.

10 Concepts and Definitions for Major Indicators

货币资金占用系数 为了实现一定量的产品销售需要占用的货币资金数量，即单位销售额占用的货币资金数。它可用于判断企业货币资金的松紧程度。

货币资金占用系数＝期末货币资金余额／(当年累计)产品销售收入额 ×12／月数

Ratio of Monetary Funds Occupation the amount of monetary funds required for realizing a certain amount of product sales, i.e. money required per unit sale. It is used for analyzing monetary situation of enterprises.

Ratio of monetary funds occupation=period-end balance of monetary funds/(current year accumulated)amount of product sales × 12/months

流动比率 指流动资产总额和流动负债总额之比。流动比率表示企业流动资产中在短期债务到期时变现用于偿还流动负债的能力。

流动比率＝流动资产合计／流动负债合计 ×100%

Liquidity Ratio ratio of liquid assets against liquid liabilities. It indicates an enterprise's capacity of liquidating assets to repay liquid liabilities when short-term debt becomes due.

Liquidity ratio=liquid assets/liquid liabilities × 100%

资产负债率 指一定时期内企业流动负债和长期负债与企业总资产的比率。该指标既反映企业经营风险的大小，又反映企业利用债权人提供的资金从事经营活动的能力。

资产负债率＝(流动负债＋长期负债)／资产总计 ×100%

Liabilities / Assets Ratio ratio of liquid and long-term liabilities to total assets of an enterprise during the fixed period. It not only indicates the riskness of an enterprise, but also the operational capacities of the enterprise in utilizing creditor's money.

Liabilities/Assets ratio=(liquid liabilities+long-term liabilities)/ total assets × 100%

流动资产周转率 指一定时期内流动资产平均占用额完成产品销售额的周转次数，反映流动资产周转速度和流动资产利用效果。

流动资产周转率＝(当年累计产品销售收入额 ×12／月数)／流动资产平均占用额

Turn-over Ratio of Liquid Assets number of times of average liquid assets' turn-over in a certain period for realizing products sales. It indicates the turn-over speed of liquid assets and effectiveness of the use of liquid assets.

Turn-over ratio of liquid assets=(accumulated sales of the current year × 12/months)/average liquid assets utilization

工业产品销售率 指一定时期内产品销售收入占工业产值的百分比，是反映工业产品生产已实现销售的程度、分析工业产销衔接状况的指标。

工业产品销售率＝产品销售收入额／工业总产值(现价)×100%

Industrial Products Sales Ratio ratio of product sales against total industrial production. It reflects the realized product sales in the industrial production enterprises and the links between production and sales.

Industrial production sales ratio=revenue of product sales/ value of industrial production(current price) × 100%

销售成本利润率 指一定时期内实现的利润额与耗费的销售成本总额之间的比率。

销售成本利润率＝利润总额／产品销售成本 ×100%

Ratio of Profits to Sales Expenses ratio of realized profits against sales expenses.

Ratio of profits to sales expenses=profits/product sales expenses × 100%

10 主要指标的概念及定义

6 **零售价格指数** 由国家统计局编制，是反映城乡商品零售价格变动趋势的一种经济指数。零售物价的调整变动直接影响城乡居民的生活支出和国家的财政收入，影响居民购买力和市场供需平衡，影响消费与积累的比例。因此，计算零售价格指数，可以从一个侧面对上述经济活动进行观察和分析。

6 **Retail Price Index (RPI)** reflects the general change in prices of retail commodities, which is compiled by State Statistics Bureau (SSB). The changes in retail prices directly affect living expenditure of urban and rural residents and government revenue, purchasing power of residents and equilibrium of market supply and demand, and the proportion of consumption and accumulation. Therefore, RPI can predict to certain extent the changes of the above economic activities.

居民消费价格总指数 由国家统计局编制，是反映一定时期内城乡居民所购买的生活消费品和服务项目价格变动趋势及程度的相对数，是综合了城市居民消费价格指数和农民消费价格指数计算取得的。利用居民消费价格指数，可以观察和分析消费品的零售价格与服务价格变动对城乡居民实际生活费用支出的影响程度。

Consumer Price Index (CPI) reflects the relative change in prices of consumer goods and services purchased by urban and rural residents, and is derived from urban CPI and rural CPI, which is compiled by SSB. CPI can be used to predict the impact of consumer price changes on living expenditure of urban and rural residents.

企业商品价格指数 由中国人民银行编制，其前身是批发物价指数，始编于 1994 年。这是反映企业间商品交易价格变动趋势和程度的综合价格指数，其商品调查范围涵盖全社会物质产品，既包括投资品，也包括消费品。指数体系包括三种分类：一是按国家标准行业分类，二是按商品的生产过程分类，三是按商品用途（也称为需求）分类。企业商品价格指数采用固定权数加权几何平均公式计算，所用权数根据投入产出表和工业普查资料、农业统计资料和其他补充调查资料测算。全国共有 220 多个调查城市，分布在除西藏以外的各省、自治区和直辖市。所选商品 791 种，规格品 1700 多种，报价企业 2500 户。

Corporate Goods Price Index (CGPI) compiled by the People's Bank of China and it was preceded by Wholesale Price Index (WPI), which had come into existence since 1994. CGPI is a comprehensive price index, which represents developments in the prices of goods provided in inter-enterprise transactions. The surveyed goods of CGPI covers all material products of the whole society, i.e. capital goods and consumer goods. And the Price Index System can be classified as three different categories: the first one classification is in line with the state standard industry classification, the second one is on the basis of different production process, and the third one is on the basis of commodity uses. The calculation of CGPI is based on the equation of fixed-weighted geometric mean with the weights calculated on the basis of the input-output table, industry general survey, agriculture statistics and other supplementary survey. There are more than 220 cities joining the survey, which covers all provinces, municipalities under direct jurisdiction of central government, and autonomous regions except Tibet. The CGPI covers 791 surveyed commodities, more than 1700 sample goods and 2500 outlets of enterprises.

责任编辑：贾　真
责任校对：李俊英
责任印制：程　颖

图书在版编目（CIP）数据

中国人民银行统计季报．2023 年第 1 期：总第 109 期 / 中国人民银行调查统计司编．—北京：中国金融出版社，2023.3

ISBN 978-7-5220-1952-9

Ⅰ．①中… Ⅱ．①中… Ⅲ．①中国人民银行—统计资料—2023 Ⅳ．① F832. 31-66

中国国家版本馆 CIP 数据核字（2023）第 047506 号

中国人民银行统计季报 2023-1
ZHONGGUO RENMIN YINHANG TONGJI JIBAO 2023-1

出版
发行　中国金融出版社
社　址　北京市丰台区益泽路 2 号
市场开发部　（010）66024766，63805472，63439533（传真）
网 上 书 店　www.cfph.cn
（010）66024766，63372837（传真）
读者服务部　（010）66070833，62568380
邮　编　100071
经　销　新华书店
印　刷　天津市银博印刷集团有限公司
尺　寸　210 毫米 ×285 毫米
印　张　7
字　数　212 千
版　次　2023 年 3 月第 1 版
印　次　2023 年 3 月第 1 次印刷
定　价　98.00 元
ISBN 978-7-5220-1952-9
如出现印装错误本社负责调换　联系电话（010）63263947